湯川久子——著
江卉星——譯

距離拉遠一點，從此人際不糾結

93歲女律師洞察人心人性的35個智慧，讓你我活得更自在

目次 contents

第2章

保持距離，才能溫柔以待

第3章 真誠度日

第4章 內心充滿活力，樂在當下

前言

多保持一點距離，你會更溫柔

人類是一種，只要和別人保持適當距離，就會不可思議變得溫柔的生物。

跟他人互動時，我們會拿捏與對方之間的距離，想更接近對方時態度可能過度強硬，看輕自己時又變得退縮。我們就在不時犯錯中一面修正調整，一面發展人際關係。所謂的人生，就是持續尋找當下與他人之間剛剛好的距離。

當人活到一個年紀後，就會成為能自己找出舒適人際關係距離的人，而這樣的人，就是我心目中成熟的大人。

透過這本書我想傳達給大家的，是要和他人保持適當的距離，無論是跟自己的先生或太太，小孩或媳婦、女婿，又或者是對待鄰居、老友。當你試著比原先想的再多保持一點與對方的距離，就會發現自己變得更溫柔。

距離太近，線繩就容易糾結在一起，大部分的人際問題也是源於距離太近。在我迄今六十多年的律師生涯中，都在整理疏通各種人際關係中「糾結纏亂的線」。

只要方法正確，那些糾纏、打結綁死的線繩就能解開。雖說糾結狀況各有不同，但只要身處其中，就找不到解方。但你若可以後退一步，站在外頭去看全貌，就能找到解決的線頭。

換句話說，即使是發生在自己身上的問題或煩惱，若能保持適當距離，就能找到解決的方向。一直以來，我是用「法律」做為潤滑油，將看起來綁死的結梳理開來，讓許多人迎來人生轉機，而我也從中學到許多事情。

做為一個法律專家，在我奉獻了大半律師生涯的民事案件世界裡，法律的作用並不在於「裁判」，而是「解決問題」。

人心不能靠法律來裁判，法院所判的「勝訴」或「敗訴」，也不能用來決定人生「真正的幸福」。

「勝訴」者的人生過得更苦，而「敗訴」者的人生卻輕鬆愉快，這樣的事情所在多有。我的律師生涯，就是一面觀察這法律無法裁定，複雜而荒謬的人類情狀，一面思考何謂真正的幸福。

ξ ξ ξ

「梳理糾結纏亂的線」聽起來簡單，但實際上並非我十分擅長之事。我天生就是個急性子，每每拜託同事：「能不能幫我解開這個結？」然後總是驚訝於對方解開之速。

而這樣的我，卻一意想解開人們的心結。因為我希望他們能夠在解開心中纏亂的死結後，積極向前；我盼望他們能活得比現在開心，在接下來的人生能找到人際交往中那「剛剛好的距離」。

第 1 章

拉開距離，就會找到解開心結的方法

最好時刻牢記自己的不成熟

一九五七年（昭和三十二年）。我在福岡市展開律師生涯，是當時九州地區第一位女律師。

那個時代的社會風氣還是有著「女性做不來男性的工作」、「不過是個女人有什麼好得意」這些想法，於是經常有人問我：「為什麼想當律師？」

事實上，我不是由於充滿正義感，或者曾經歷什麼事情等戲劇化的理由而決定當律師，而是當律師的父親告訴我：「如果你想念大學，那麼條件就是得去讀法學院，並通過司法考試。」

一個年輕女孩當上律師，而且意外成為九州第一位女律師，這是突然加諸在我身上的沉重壓力。我剛成為律師，經驗尚淺時，大部分委託人第一眼見到我，都會顯露不安的表情。但我的律師前輩都會在一旁幫我說好話：「雖然她是女性，但非常拚命喔！」

在這全是男性的世界裡，我也曾令對造的大前輩敗訴，使他們咬牙切齒地表示：「不過就是個乳臭未乾的小妞！」但律師靠的是實力，希望能回應委託人的信賴，是我永遠的動力來源。

我的律師生涯至今已六十一年，雖然一路走來義無反顧，但是剛成為律師時的心情從未消失。那時，我對於自己是否真的能做好律師工作常感到不安，也會懊惱、覺得自己沒什麼用處，讓委託人期待落空時則羞愧萬分，這些心情一直都在。

ξ ξ ξ

我的興趣是能樂，已經持續了五十多年之久。雖說我的腰曾經骨折受傷，現在不能再跳舞，只能坐在椅子上繼續練習能樂唱詞，但光是踏入自家兼公司玄關旁的練習場一步，我還是會立刻想挺起腰桿來。

集能樂的大成者世阿彌（註1）曾在著作《風姿花傳》（註2）中提到：

「不應忘卻初心。」

「初心」二字的意義，一般皆解釋為「開始做某件事的心情或志向」，但也有人說，「初心」的真正涵義，是指第一次做某件事情時尚無經驗的狀態，也就是指不成熟的狀態本身。

也就是說，「回歸初心」是回到自己還不成熟的那個時候，意指「不要忘記自己的不成熟，繼續精進」。也許就是因為直到今日，我內心仍然存留著初入行時留下的悔恨，我才能在律師這一行待這麼久，對委託人還能夠派上用場，還能上法庭吧。不知不覺，我心中出現這樣的想法。

同樣是在《風姿花傳》中，世阿彌又這麼說：

「若誠心把時分之花誤認為實在之花，
那麼此心便遠離了真實之花。
只是，若整個人皆為這時分之花所迷惑，
最後連花的消亡都將一無所知。」

所謂「時分之花」，指的是年輕活潑的生命，如同盛開的花朵一般。如果誇耀這只綻放一時的「短暫之花」，就會遠離真實之花。細品這段話，我覺得講的就是人生，所以經常將這段話銘記心中。

我深切提醒自己，做為一個律師，即使成果令人滿意，也絕不能驕傲。完成一個案子後，要回到起點，真誠面對下一個委託人。而我之所以能用謙虛、真摯的心情對待委託人，是因為還記著過去還不成熟時，內心曾經為不安與焦躁所苦的感覺。

「不誇耀時分之花」。隨著年齡增長，能夠告誡提醒我們的人已慢慢凋零，唯有持續留存在心中的「自覺不成熟」，方能支撐我們內心永不動搖。

這是我經年累月所得到的領悟。

---

*註1：世阿彌為日本室町時代初期的猿樂（又稱申樂，能樂之前身）演員與劇作家，與父親觀阿彌被公認為集能樂之大成者。

*註2：《風姿花傳》（ふうしかでん）是世阿彌所著的能劇理論書。

誇耀「短暫之花」的人，
會遠離要用整個人生來綻放
的「真實之花」。

用「自覺不成熟」來培育自己。

把過去的事拋在腦後，一心向前邁進

「女孩子也要讀書比較好。」

在那個很少有女性讀大學的時代，父親就經常對我這麼說。在太平洋戰爭的襲捲下，我從上海老家前往東京，進入帝國女子專門學校（即現在的相模女子大學）就讀國語科。

翌年四月十九日，東京山手區域受到大規模空襲，學校的校舍、宿舍全都燒毀，於是我又回到上海，直到戰爭結束後定居熊本，休學一年後才得以復學。只是當接近畢業之時，想要進入大學繼續學習的想法湧上心頭。日本敗戰後，戰爭結束的那年十二月，文部省（註3）認可大學與專門學校可以男女合校，於是進入大學就讀的女性也逐漸增加。

我跟身為律師的父親商量這件事，他回我：「如果你能考上法律系，成為律師或法官，那就可以念大學。」

雖然當時我想繼續研讀日本文學，也覺得自己絕對考不上法律系，沒想到運氣很好，最後考上日本中央大學法律系，再次前往東京。對我而言，在東京念書這件事本身，就令人十分目眩神迷。

但是，法律系課程比我想的還要艱難許多。

大學二年級，我參加了系上專門準備司法考試的研究室考試，雖然通過了，但那時還很少有女性以律師為職志。據說還有男同學反對：「有女生進來，會讓人無法專心。」雖然考官認為：「只要能通過考試，就沒有因為是女性就拒絕的道理。」所以我順利加入研究室。不過，我實在無法忍受自己一個人準備考試，覺得快窒息了，有時候就會去散步，或者寫些短歌。用這種半調子的方式念書，最後司法考試落榜也理所當然。

一九五一年（昭和二十六年）我大學畢業後回到熊本，在父親身邊針對司法考試展開瘋狂特訓，每天都花十小時坐在書桌前讀書。即使父親說：「你只要努力念書就能夠讀通，接下來就只有技巧問題。」但我卻在內心反駁：「我這顆愛好文學的腦子應該不可能讀得通的。」

但說到底，我從小就很討厭認輸，念書從不用人家督促，總是自動自發，父親肯定是看穿這一點，不管我如何反彈都平靜以對，無論我寫題目寫得有多痛苦，也絕不放水。

經過父親的個人指導後，我又接受司法實習生的指導，終於在一九五三年（昭和二十八年）筆試及格，隔年通過口試，然後用電報將合格的消息傳給在熊本的父親。

現在回想，在那個時代父親就認為「女性也要有獨立自主的能力」，實在是非常有先見之明，令人很驚訝。如果我沒走上成為律師的這條路，雖說不知道能否有現在的成果，但回想起來，這條當時我感覺被迫上陣的人生路，其實最後還是我自己選的。

在我的委託人之中，歷經重重苦難最後終於得到幸福的人，都是欣然接受「這就是我的人生」，坦然面對未來的人。

很多客戶來諮詢離婚或遺產繼承問題時十分煩惱，說著：「我真的不知道該怎麼走下去才好。」、「以前我們一家人感情很好，從沒想過現在會吵成這樣。」幾年後，看到他們擺脫煩惱，臉上充滿驕傲，並洋溢著笑容說：「真是多虧了你，我現在才可以這麼幸福。」這個瞬間會讓我打從心底覺得，做這份工作真好。

ξ ξ ξ

當人生處於低潮，覺得一切都不順，認為「事情不該是這樣」時，雖然會很想逃避，但不管是誰造成的錯，最終這仍然是你要走完的路。

最重要的是，你要從所處的當下好好地邁開腳步，用全身力氣前行。這樣你接下來的道路，就是你用自己意志所選擇、所走出來的。

《聖經》上有句話：「忘記背後，努力面前的（中略）直跑」（腓立比書第三章第十三、十四節）。

這是耶穌基督的弟子保羅在走遍全世界後，回顧來時路所留下的一句話。保羅雖然是個受過最好的教育，感到自豪的猶太人，但也因為自豪而失去人生目標。因此他靠著「忘卻」過去的光榮，義無反顧朝著目標邁進，才得到喜樂、愛、救贖這些寶物。

想要解決人生遭遇到的痛苦，比如家庭或伴侶間的問題、人際關係不和諧等問題，關鍵從來不在過去。一心依賴著過去的光榮，是看不見未來的。只有「現在我該怎麼做」這一件事沒有答案。只要能夠持續活在當下，那麼總有一天，走過的道路、未來即將踏上的旅途，都會看起來閃閃發光。

請不要再說：「那時候，要是那樣就好了。」只要繼續執著於過去，就會讓自己連選擇新的道路，往前邁進都做不到。

＊註3：功能相當於行政院教育部和文化部。

當你認為
「這條路是我選的」，
就能發現迄今為止的人生閃耀著光芒。

——

只要能走到最終的目的地，
無論選擇哪一條路都不會是錯的。

別把自己扔進問題的漩渦中

來找我諮詢的客戶，幾乎都是為了離婚或遺產繼承等問題，深陷與家人、親戚之間的糾紛痛苦中。

其中，有遭受丈夫暴力行為跟言語對待的太太，模樣悽慘疲憊，來到我事務所時，臉上一絲生氣都沒有。

她們應該是聽了許多責罵、遭受否定，活力也被奪走，彷彿所有重擔都積壓在她們的雙肩。她們連看著我說話都做不到，只能以幾乎聽不見、無力的聲音小聲訴說。這時，我第一件事就是告訴她們：「請抬起頭來吧，看著我的眼睛說話。」

她們會不好意思地慢慢抬起頭，看向我的眼睛。不可思議的是，這時她們每個人的眼中都恢復了光采，隨之改變說話的音調，腰也直挺了起來。這一瞬間，她們就從原本緊抱著問題的狀態，轉變成打算處理問題的態度。

懷抱著問題來抽絲剝繭時，就是埋在問題裡，眼中除了問題其他都看不見。如此一來，人生就會成為問題本身，也就是根本否定了自己的未來。只要抬起頭，向前看，就會形成放眼未來的姿態。然後，當事人就會發現，他的世界並不是全然一片黑暗。

這世上並不存在沒有煩惱的人。

人只要活著，就一定跟別人有所關聯。若能從中感到幸福，也代表會發生不那麼順利的事。

長久以來和許多人相處，我從中得到一個結論，那就是任何人必定都有自己的煩惱，而且從外在印象或態度是看不出來的。同時，就算內心有相同煩惱，有的人看起來很幸福，也有人一副愁雲慘霧的樣子。

會有這樣的差異，取決於這個人是否站在問題漩渦中黑暗的那一點，並以為自己無法脫身，又或者他認為問題只是人生的一部分，努力去解決。

我們並不是身處在問題中，而是在具有夢想、希望和自由的自我世界中，只是其中有一處發生問題罷了。用俯瞰的角度來審視問題跟自己的關係，必定能找到解決問題的關鍵。

愈是痛苦，愈要好好看著別人的眼睛說話。別只盯著腳下，走得沉重蹣跚，請好好挺直腰桿，向前行。

當心靈愈是疲憊衰弱時，愈是要端正姿勢訴說出來，我認為這是讓問題跟自身保持一個適當距離不可或缺的態度。

挺直背，提升視線高度，
這樣就可以找到解決問題的方法。

這個問題，
只是你人生一小部分而已。

成功拿到一億圓賠償金，卻得不到幸福

「我要要求一億日圓賠償金。」

「我要叫那個外遇離家的男人賠償，讓他一輩子都活在痛苦中。」

對這種用情緒性言語表達恨意的諮詢者，我會這樣反問：「對你而言，勝訴的意義在哪？我能幫助你過得更幸福，但如果你只是想讓對方也一樣痛苦，我幫不上忙。」

我認為，與家庭和人際關係有關的法律，並非為了裁決誰而存在。律師也一樣，我們不是為了打敗對造而奮戰，而是要幫助委託人得到幸福。至少

我是抱持這樣的信念站在法庭上。

我曾經手過一樁離婚案件。我是丈夫這邊的代理人。

丈夫這一方無論如何都想早點離婚，但妻子那一方，則對丈夫抱持強烈的不信任感，常常說：「我已經不再相信我先生了。」

在調解中，我們已經談到以一年時間支付賠償金，當賠償金支付完畢的同時，提出離婚申請書。但妻子堅決不肯同意。我們這邊不斷保證一定會負起責任，把錢付清，對方卻一點反應都沒有。雙方無法取得共識，法官也無計可施。

如果事情就這樣結束，交由法庭判決的話，這份痛苦可能要拖好幾年。

「能不能讓我跟太太直接聊一下呢？」

我向法官請求，於是得到三十分鐘，在家事法庭一個房間裡跟那位太太談話。

我們並沒有聊到離婚這件事，只是閒話家常，但就在聊天過程中，她的表情柔和了起來。

「我相信這位律師。」

那位太太後來這麼說，並同意在那張當賠償金支付完畢後，同時遞出的離婚申請書上蓋章，由我保管。

ξ ξ ξ

自己帶著誠意與信賴和他人互動，對方也會同樣產生誠意與信賴之心。以誠意和信賴為基礎溝通，而非揮舞著法律大旗壓人，事情才能朝解決問題的方向前進。說穿了，法律也不過就是用來解開糾纏的線、令雙方都得到幸福的道具，只是一個基準而已。

過去，曾有因外遇離家的外國人丈夫來跟我諮詢。他和妻子有兩個小孩，妻子跟情婦都是日本人。

當時他直視我的眼睛說：「我覺得，如果兩人之間沒有了愛情，那就該離婚。」

那是個夫妻離婚尚且稀少的時代。在大多數夫婦都認為「無論發生什麼，都要堅定忍耐，絕不離婚」的日本，他這話實在相當新鮮。

當然，從法律的角度而言他的確做了壞事，人們也會認為他是個差勁的丈夫，但他表示：「我實在沒辦法跟現在的妻子繼續下去，但是賠償金我會盡可能準備。況且，我認為自己有教育兩個孩子兩國文化的義務，所以我想要取得親權，負起責任。」從他的話中，能感受到直率及責任感。

他太太同意他開出的條件，在這之後，孩子輪流跟父母住，在雙親的關愛下成長。

倘若當時妻子主張自己是對的，希望丈夫受到法律制裁，那麼調解程序將會延長，甚至得交由法院判決，最後可能演變成在孩子成長過程中，父母有一方缺席的情況。

我對這位身為對造的妻子表達由衷的感謝與敬意，事件從此落幕。

ξ ξ ξ

人際關係發生問題時，人都會主張自己是對的，想要戰勝對方，但是當對方落敗後，事情又會如何發展？或許，短時間內自己會充滿勝利的喜悅，但懲罰對方後的空虛感，想必仍然存在內心深處。

我還是希望遇到問題的人別只想著如何打敗對方，而是把心放寬，以自己的幸福為前提去做選擇。

ξ ξ ξ

另外，我也看過很多人因為過於執著勝負，喪失了在人生中重新站起來的機會。

在我經手的某個離婚案件中，有個妻子無法原諒外遇離家的丈夫。丈夫想和新交往的女性結婚，因此告知：「我最多最多能支付八百萬日圓的賠償金，只求能夠離婚。」

在一般的離婚調解中，即使是能夠預測財產分配的情況下，賠償金金額大多落在三百萬日圓左右，最多五百萬，超過這個數字的幾乎沒有。所以，我當然強烈建議委託人和解，但是太太受強烈的復仇心驅使，頑固堅持「如果沒給到一千萬不會離婚」，調解於是宣告破局。

沒想到，丈夫那位年輕又單身的第三者表示再也等不下去了，離開了他，和其他單身男子結婚。丈夫因為不需要急著離婚了，於是說：「我不會再付任何賠償金。」雙方的溝通到此中斷。

妻子一心想著制裁先生，但演變到最後，也不可能和先生回到原本的狀態，最後沒能拿到賠償金，也沒能離成婚，這案子就這樣不上不下地結束。那時候兩人若能順利離婚，也許彼此都能夠享有新的人生也說不一定。執著於勝負、自尊，甚至金錢，以至於錯過機會，對人生而言只有負面影響。

而機會一旦錯過，很多人就很難再次站起來了。只要內心受到「想打敗對手」、「想令對方痛苦」的想法控制，那就永無心靈平安之日。

戰勝對方的興奮感，
會變成懲罰對方的空虛感。

在此情況下，
你還能夠幸福嗎？

別讓爭輸贏浪費了生命

以執拗的表情說：「我再也受不了先生精神虐待。」的人；以亢奮的語氣說想要向毀婚對象「復仇」的人；丈夫離家去找小三，於是怒不可抑地說：「我想殺了他。」的人；交通事故中成為受害者的人、成為加害者的人；刑事犯罪被告的家人……。

雖然他們的痛苦及煩惱各有不同，但是處在這漩渦中的每個人，都認為自己是「世界上最不幸的人」，深陷如泥沼的煩惱中，無法自拔。

此時，我的律師事務所就變成心理治療室，成為這些苦惱人們的「情緒垃圾桶」。

人只要活著，多少都有大大小小的煩惱，但是爭輸贏這件事本身就令人疲憊，不僅侵蝕心靈，也消磨掉重要的時間。

很多人長時間與人爭鬥，有一天才驚覺自己耗費了龐大的時間，卻已不知該如何是好。就算真的爭贏，要讓長期處於爭鬥的疲憊心靈重新振作起來，也得花上一段時間，所以一直與人爭輸贏，只能說是浪費生命。

如果世上有解決問題的關鍵，那麼肯定是以和解為前提的對談。

特別是從我的經驗來看，離婚問題最長不要拖過一年，一定要在一年內解決才行。因為隨著時間日久，重啟人生的時間就會往後延遲，也會流失重新再站起來的能量。

另外，就算打官司，就算爭到了最高法院，結果幾乎都與有經驗的律師打從一開始就告訴委託人的一樣。

離婚以外的問題也是。總是想爭個輸贏的話，就像不流動的死水必定發臭，最後心靈一定會感到疲憊。所以問題也有保存期限。

ξ ξ ξ

因此，要將不停翻湧而上的情緒放一邊，選擇和解做為向前邁進的手段。雖然你無法完全接受和解，但是積極地這麼做，才能讓自己前進。這也會改變你對未來人生的看法。

要解決問題，方法不是只有將心結進一步繃緊，直到繃斷為止，而是應該將糾纏不清的線輕輕解開。站在「和平」立場走向解決問題的道路，才能通往幸福。

選擇以「和」為尊的人，最後必定走向幸福的康莊大道。

——你是否因為爭輸贏浪費了重要的人生？

「說出來」才能和問題保持適當距離

有個女人，因為丈夫拋棄自己，迎娶新妻入門，嫉妒成狂化身為惡鬼，打算咒殺前夫跟他的新妻子。

這是能劇中《鐵輪》這齣戲的故事，而其中化身為鬼的「橋姬」，整張臉皆呈現出怨念與憤怒，十足惡鬼模樣。

來我事務所的人，雖說內心各有不同煩惱，不過有些人滿是憤怒與嫉妒的臉，總會令我忍不住聯想起這個鬼面。

比如說，遭受丈夫背叛，不得不離婚的女性最痛苦的表情，真可說就如同惡鬼臉面的表情：眼睛充滿血絲，一副全心全意都在思考如何復仇的樣子。

那些人過去只能將痛苦和眼淚往肚子裡吞，一來到我事務所坐下，眼淚就再也止不住地往下掉。我能切實感受到她們心中深深的痛楚。看她們含淚訴說遭受深信不疑的丈夫背叛的憤怒與痛苦，我也不禁難過起來。

過去壓抑於內心的字句，一個又一個滿溢而出，她們將這些滿溢出來的字句拾綴起來，再從中擰絞出言語。也許她們就在這個過程中，慢慢找回自我。最後，她們的表情變得柔和，跟原先判若兩人，看上去清爽許多，好像撥雲見日一般，臉色也明亮起來。

看在眼裡，有時候我甚至會不小心說出失禮的話：「哎呀，原來是個白皙美人來著，你現在的臉龐和神情很好看喔！」

ξ ξ ξ

日語的「說」與「分開」同音。「說出來」即是「分開來」。日文中有許多同音異義的詞語，但我認為它們之間有密切關係。向別人傾吐埋藏於心的苦惱和憤怒，有治療心靈的效果。彷彿只是這麼做，就能從痛苦中解放出來。

我想每個人都有這樣的經驗：有煩惱的事情，感到自己走投無路、進退維谷的時候，只要找個人聊聊，腦中就會浮現數個解決方案，並且覺得自己馬上就可以著手解決問題。

在日文裡有「離見之見」一語。

這是世阿彌在能樂理論著作《花鏡》中所提到的，意思是，表演者必須脫離自身，用客觀的角度，從各個面向審視自己的表演。

來找我諮詢的人，大多都是為了離婚或繼承這樣的人生大事而來。

而大多數人來找我時都喃喃地說：「我的未來一片黑暗。」但等到要離開時，大部分的人都笑著說：「真是鬆了一口氣，還好我來問了你，總覺得問題已經可以解決了。」

這種改變與其說是法律或我個人的力量，不如說是當事人本身透過自己的「離見之見」，拓展了視野。

人在獨自面對問題，想太多、痛苦不堪時，視野就會變得狹隘，但是接觸到法律知識或第三者的眼光，就能以客觀的角度來看待自己的問題。隨著看問題的方式改變，就能看到解決問題的方法。

我們可以說，把問題「說出來」，就等同於把自己與問題「分開來」一段距離，也就是「放開手」（註4）。

當我們能與問題保持距離，就能換個心態來對待它，改變心態後，我們也能換個方式來解決問題，現實也就因此改變。

我會告訴前來諮詢的人：「既然你都來找律師了，那我們就一定會解決問題。」

這句話與其說是鼓勵，不如說是我從一萬件以上的案件中得到的心得。只要能與問題保持適當距離，就能找到解決問題的關鍵。

＊註4：說（話す）與分開（離す）、放開（放す），三個日文詞語的讀音皆為「Ha Na Su」。

看待問題的方式，
決定了我們是否繞遠路來
解決問題。

將憂鬱說出口，
就是跟它保持「距離」。

試著把說不出口的心底小小聲音說出來

說出問題，就能拉開與它的距離，就能放手。

藉由說出口的方式，能暫時與那些藏在內心的痛苦切割開來，也因此找到解決問題的關鍵。話雖如此，不過在解決問題之前，也經常有人會先一步自覺到：「什麼啊，原來這問題只是這樣啊！」

ξ ξ ξ

在「育兒爸爸」（積極帶孩子的男性）以及「家事男」（主動做家事的男性）這樣的詞彙還沒出現的時代，只要問家庭主婦，旅行中何時最令人開心，她們幾乎都會說：「可以茶來伸手，飯來張口。」、「不做家事也沒關係。」

「只要坐著，就會有人端料理來，真是太棒了。既不用思考要做哪些菜，煮完飯也不需要收拾整理。」

說起來，當時的女性大多數都得在晚餐時間匆忙趕回家，很多人連出席同學會都不用想。出門旅遊也很辛苦，不但得把出門這段期間的飯菜準備好放進冰箱，甚至還有人必須準備好家人所有換穿的衣物。

有位妻子，結婚三十年來沒有個人興趣，晚上也盡可能不外出，時時都以賢妻良母的標準要求自己。可是有一次朋友卻批評她：「都結婚三十年了，還是個不求長進的家庭主婦。」她才猛然覺醒，至今不斷壓抑、忍耐的想法漸漸翻湧而出。

「我能去一趟過夜旅行嗎？」

據說當她這麼問時，丈夫十分驚訝。也難怪，丈夫一直認為太太是個討厭人群、懶得出門，所以不愛出外旅行的女人。

「可以啊，你當然可以去。」

原本一心以為會遭受反對的太太，卻驚訝地發現丈夫居然笑容滿面的同意了。

在這之後，這位太太在朋友的邀約下參加歌唱教室，逐漸變得開朗快樂，找回婚前的社交生活。而丈夫看著太太愉快的樣子，一邊也自己享受著個人時間以及興趣。

ξ ξ ξ

時至今日，即使很多丈夫也開始分擔家務，但無論是雙薪夫妻或者在家帶小孩的太太，默默承擔一切，甚至照顧丈夫生活起居的女性仍然不少。

這或許是根源於「女性義務」的概念，又或許是以為「不這麼做對方就不會愛我」，但只要有「被迫感」或者其實想做別的事、根本不想做家事，那麼不妨開口說出來，試著溝通看看，說不定會有意想不到的結果。

其實，很常發生的情況是，當你說出來後，對方才恍然大悟。

一味地負面思考，好事就不會發生。

ξ ξ ξ

說到做家事，最近我曾聽說一種說法，其實男人生來就喜歡為女人做事。

所以做妻子的不妨放手，把家事交給丈夫去做，做得不好也睜一隻眼閉一隻眼，並且打從心底感謝他。據說這樣的話，因為太太看起來很開心，先生也會覺得：「是我讓她這麼開心的。」而感覺自己很重要。

我先生經歷過戰爭，即使戰爭結束後，生活依然猶如在軍中一般，是個嚴肅的男人，所以老實說，我乍聽上述說法時也不太能理解。我想也許是因為世代不同，想法不同吧，但我們家的確曾發生過一件事。

某天我先生說：「我來做三角飯糰吧。」很難得地進了廚房。可是對於他捏得過於紮實又過大的飯糰，我忍不住下了這樣的評語：「呃，好硬。」從此之後，我先生就再也沒進過廚房了。我遺憾地想，如果當時能帶著女兒跟兒子一起誇讚一下那些飯糰，也許丈夫多少也有成為「家事男」的可能性吧！

ξ　ξ　ξ

如果你現在正一個人面對所有家事，或是被育兒或照護工作追著跑，一切的一切都令你覺得喘不過氣來，那麼這也許就是一種訊息，要你試著把想法說出口。

第一步，就從容易開口的事說起就好，比如「能不能幫我拿東西過來？」、「這明天要辦的話有點困難」。從每天的小事情中，一一切實感受到說出來也沒關係的安心感。

鼓起勇氣說出口，
就可能開拓從未見過的新世界。

——千萬別把想法藏起來。

第2章

保持距離，才能溫柔以待

理直氣壯時，請稍微低調一點

你讀過詩人吉野弘的《祝婚歌》嗎？

那是充滿夫妻和諧秘訣的一首詩，可以當作生活指南，對我而言非常重要。其中有一節我特別喜歡：

「理直氣壯時，
請稍微低調一點比較好。
理直氣壯時，
能注意到說出來的話可能會傷人比較好。」

來找我做法律諮詢的人之中，有些人會認為只要問過律師，得知在法律基礎上「正確的事」以及「不正確的事」，就可以判斷訴訟的勝負，但在人際關係的糾紛中，追求正確並無法解決問題。

這是因為在人的心裡，所謂的正確往往因人而異，而所謂的真實，也因為用這個因人而異的「正確」來度量，而出現各種不同的看法。

比如說，有個丈夫將婚前存的錢偷偷藏起來，不讓妻子知道。從法律角度來看，單身時的財產屬個人所有，一點問題也沒有。但是如果妻子主張「夫妻間有所隱瞞不可原諒，我覺得有種不被信任的感覺」，從妻子的角度來看，丈夫做的事就是不對的。

ξ ξ ξ

另外，即使是明顯自己正確，對方有錯的情況下，責備對方、糾正對方，也解決不了問題。

每個人看事物的角度可說是千差萬別。

夫婦或親子之間，如果能謹記這一點，彼此的關係就會變得稍微緩和些。

一味追求正確，
反而會離解決問題愈來愈遠。

正是由於「正確」，
所以容易傷人。

別踏入彼此的「廚房深處」

我認為無論是夫妻，還是朋友之間，都有一條必須互相尊重的界線存在。

越過這條界線，踏入對方的領域，大部分情況下都會產生糾紛，關係也會變得緊張。

對於這種情況，我曾經用「別踏入彼此的廚房深處」這句話來告誡他人。家庭中會用到水的地方，特別是廚房的使用方式，可說是生活的內在層面，最能由此看出一個人的性格，以及成長的家庭文化。

比如說，婆婆對於媳婦不洗鍋底感到火大，但媳婦覺得鍋底不洗也沒關係。如此一來，認為「把東西洗到發亮，才會讓人覺得乾淨又舒服」的婆婆，與「鍋底不洗也不是什麼大事」的媳婦之間，就會出現不協調的聲音。

當兩邊都深信自己的做法正確，並且都不喜歡另一邊的做事方式，就會堅持自己認為的「正確」，開始想辦法讓對方照自己想要的方式去做。沒有比這個更無意義的爭鬥了。

不同世代、不同環境下成長的人，對「正確」與「常識」的理解也會不同，並無所謂的正確答案。一個人認為正確的事，只是表現出他的價值觀罷了。所以，主張自己正確，並企圖改變他人的想法或行為，當然就會產生糾紛。

回到上述例子。如果這時候，婆婆只是單純理解「啊，原來她是不洗鍋底的人啊」，情況就不一樣了。

「既然她是這樣的人，那鍋底就等我洗鍋子的時候再洗吧。」婆婆這麼想之後，媳婦也可能會想說：「她幫我洗了我平時不洗的鍋底，所以我得直接表達感謝。」人家是人家，我是我，這樣的距離改變了看待問題的角度。

於是，不可思議的事情發生了。

原本一直認為這是人生要事的人，會發覺問題實在小得可以：「咦？為什麼我要這麼執著於鍋底啊？」而另一方或許也會退一步：「那我洗鍋子時也用水沖一沖鍋底吧。」

當自己的思考方式及價值觀遭到根本否定時，人就沒辦法柔軟思考。就是因為如此，所以保持恰當距離才這麼重要。俗話說：「一個廚房容不下兩個女人。」我覺得這句話的確有其道理。

無論關係如何親近，
都要保持距離。
距離能緩和彼此的關係。

——

你是否踐踏了對方的價值觀？

孩子有孩子的人生，父母也要有自己的人生

雖然「怪獸父母」、「單身寄生族」等詞已褪流行，但我覺得，現在那種以自我為中心、毫不講理強硬要求小孩的爸媽，以及沒了爸媽什麼事都無法下決定的孩子，與過去相比只增不減。

二次大戰前，日本大部分的母親生小孩都是一個接一個，養育時，不可能每個都當獨生子一樣照顧。於是，小孩在肉體長成大人的同時，精神上也成為大人，孩子能離開父母獨立，父母也對子女放手。

二次大戰後，一個家庭大概生兩、三個子女，當作珍寶一般養育，而到

了少子高齡化的現今，家中孩子可能只有一個，父母對孩子的照顧無微不至。我想，這就是依賴雙親的孩子，以及離不開孩子的父母變多的原因。

不僅離婚諮詢時由父母出馬，在孩子必須為自己人生下決定的場合中，也常看見他們的父母。當然，離婚是人生大事，如果血親能出一分力量，一起攜手度過難關，是非常值得感謝的事，但這些父母常當孩子還只是小學生一樣，一味地包庇、守護。

以下是某樁離婚諮詢案件中發生的事。

有個母親大放厥詞地說：「我啊，把我女兒養育得很完美，所以這件事絕不是我女兒的問題。」然後對女兒說：「你只要聽我的話去做就可以了。」當下我不知道該如何回應，但是等那位母親把話說完，我把心一橫，對女兒說：「你要不要好好審視一下走到離婚這一步的原因？如果跟對方合不來，那麼無論你將媽媽交代的事做到多麼完美，都是沒用的。」

這個女兒一臉恍然大悟的樣子說：「我會想一想。」然後離去，讓我心裡鬆了一口氣。

對父母而言，孩子永遠都是孩子。我自己也有兒女，所以那份心情我非常能理解。但是就社會角度來說，孩子二十歲之後就算是成人了，必須負起自己需要承擔的社會責任。

當然，在生病的情況下，父母親援助孩子，或是孩子照顧年老的雙親等，親子互相幫助、體貼彼此是非常重要的事。但是，孩子的人生終究是孩子的，而且就算是夫妻、親子之間，我認為都有一條界線存在。

我想，無論是親子關係、夫妻關係，都要把對方當成一個獨立的大人來看待，這是當今時代不可少的家庭準則。

即使是我的孩子，孩子的人生還是他自己的。

父母和小孩，都要將對方當成獨立的人來看待。

為了某人流下的淚水，會讓心靈成長

孩子小時候實在非常可愛。光是孩子的存在就令人感到幸福，回憶裡也都是快樂的事。

但是孩子長大後，不一定會成為父母期望的樣子。

不去上學的女兒、家暴的兒子、十幾歲就懷孕生子的女兒、高中大學就業都一路順風卻離婚的女兒、因為找工作失敗而罹患精神疾病的兒子等等，可想而知，他們的雙親是如何煎熬。

「我兒子到國中一直都是班上前一二名，個性也很溫柔，但是高中考試落榜後就性情大變，每天都跟壞朋友玩在一起。有一次我先生嚴厲斥責他之後，他就離家出走，到現在都不肯回家。聽朋友說，現在似乎加入幫派了。」

「我一直以為我把女兒教育得很完美，沒想到她現在居然離婚，我的教養上一定有哪裡出了問題。」

「發生這樣的事，不如一開始就不要生孩子算了，我現在好羨慕那些沒有小孩的人。」

傾聽父母的各種苦惱，我能從中感覺到，父母親對孩子的愛有多深，後悔自責的心情就有多深。

ξ ξ ξ

以我來說，我在挑戰司法考試的二十幾歲後半，以及三十幾歲那幾年，每天都很忙碌。因為有周遭許多人的幫助，最後也順利撐過來了，但我當然不敢說自己是一百分的好媽媽，心裡也有許多悔恨，覺得：「當初如果照顧得更好一點就好了。」

但是過去的事已成往事，對當時年輕的我來說，這樣育兒我真的已經盡自己的最大努力了。

在孩子都長大後的某一天，整理櫥櫃時，我翻出了孩子小時候坐的椅子。那是兩張由粉紅色與藍色組成的木椅，不但褪色，金屬零件也生鏽了。

「已經用不到了，丟掉吧。」

「好吧。」

於是我跟先生各拿一張椅子，將它們搬到垃圾場，輕輕放在壞掉家具的上方。

在回家的路上，我開始後悔了。

孩子小時候，都端坐在那兩張材質很好的小椅子上吃飯。現在雖然孩子都大了，但記憶中那可愛的小臉還有當時的回憶，都留在那兩張椅子上面。

不知道椅子還在不在？我一面想，一面獨自在黑暗中跑向垃圾場。而椅子就像在等著我似的，兩張並排，凝視著我。

過去還不成熟的我，拚了命面對工作與育兒生活，雖然照顧得不十分周全，但是幼小的孩子依然用笑容與成長回應我，這些回憶，就刻畫在這兩張木椅上。

每當看著孩子小時候的照片，或是充滿回憶的物品，我就會回想起當時，知道我們的確一起度過那段時期，心情於是多少安定下來。

有句話是這麼說的：「孩子成長的過程中，父母會得到超越百件的喜悅和幸福；而父母也會為孩子的事情所傷，流下百滴的眼淚。」為小孩辛勞的雙親會有所成長，成為一個溫柔的人。

如此想來，身為一個母親，培育我成長的人，不是我的雙親也不是老師，而是孩子。

按照父母期望成長的孩子，是鳳毛麟角。反倒是父母要自問，當我們給予孩子過度期待時，自己有沒有教訓孩子的資格？

有句話說，小孩是看著父母背影成長的，確實如此。

孩子不會去聽「父母說的話」，而是直接模仿父母的。

父母無法依照期待養育孩子，
但是，為孩子所流的眼淚，
能讓孩子及父母成長。

小孩子不會聽父母的話，
而是學習並模仿父母。

別讓傳聞在街頭巷尾生根茁壯

以前我跟朋友或親戚聚在一起時，很愛玩傳話遊戲。這個遊戲，其實也常常發生在現實社會中。

「你聽說了嗎？K先生據說終於離婚了！」朋友這麼說。

我問他：「你是從哪邊聽來的？」

「從A那邊。」

「那A是從哪邊聽來的呢？」

結果，他回我曖昧不明的答案：「大概是B說的吧。」

事實上K夫人跟我是好朋友，我深知他們夫婦感情很好。況且我一個禮拜前才跟她碰面，非常清楚他們並沒離婚。她是個美女，工作能幹，經常出差。所以可能有人會說：「有這種常常不在家的太太，先生真是可憐。」一個傳一個之後，「是我的話就會跟她離婚」的個人想法就變成「他們似乎離婚了」的傳言。

有一個類似例子也曾發生在我身上。有次，我聽說「C他們家的老奶奶過世了」，於是急忙拿著佛珠和奠儀前去吊唁，結果到了他家，居然是老奶奶本人出來迎接我，讓我嚇了一大跳。原來過世的是老奶奶疼愛的貓咪。傳聞就是如此不可信。

就是因為這樣，所以在刑事審判中，當證人的證言並非基於自身，而是從別人那邊聽來轉述的，就稱為「傳聞證據」，原則上很難獲得採信。

在日常生活中，也經常發生「說了」或「沒說」這樣的認知差異。若不是說錯或聽錯，而是傳達者心懷惡意，那麼當事人可能就會在不知不覺中，沒有根據地被認為是壞人。

因此，從別人那邊聽來的話，左耳進右耳出就好了。

話說回來，與別人碰面時，我們應該回想的是談話對象說了自己什麼事，而不是其他人的傳聞。

我跟以前孩子也上赤坂幼兒園的媽媽們一直保持聯繫，即使孩子們從幼兒園畢業了近五十年，我們現在每年依然會聚會兩次。

這樣的聚會剛開辦時，我就提議：「接下來，我們都不要聊孩子的事，聊聊媽媽們自己的事吧。」我們約定好，不要去炫耀小孩或丈夫，或是談論別人怎麼了，而是說說自己的事。

如果不想談別人的傳聞，我們就能意識到自己現在該做什麼、感覺到了什麼。

我認為，不要讓原本該一起分享喜悅，有時互相安慰的場合，成為讓傳言遍地開花的場所。

能夠接受你自身故事的地方，
才是你應該待的地方。

你有沒有一個能聊自己事的地方？

別以「幫忙」的名義，剝奪他人的職責

有人說：「照顧孫子孫女時的銀髮族都神采奕奕。」我周遭也不乏這樣的女性，聽她們聊關於孫子孫女的愉快話題，我也很高興。

但是，其中也有一些人對於照顧孫子孫女感到痛苦。

由於現代人愈來愈晚婚，有孫子孫女的人，年紀大多落在六十至七十幾歲。而就算是在東京都心，所謂的保育園難民（註5）也愈來愈多，正值事業全盛期的兒女理所當然地借助父母的力量，但面對體力充沛的孫子孫女，許多銀髮族其實是心有餘而力不足。另外，比起養育自己的小孩，照顧孫子孫女需要承擔的責任更重。

很多老人家平時靠年金生活只能勉強溫飽，但很多人將小孩託給父母照顧期間，吃飯及外出的花費還是由父母買單。

其中，也有銀髮族哀嘆：「完全沒有自己的時間。」他們之所以還撐得下去，單純只是因為孫子孫女可愛，或者想從女兒或兒子身上尋求被需要的感覺。

能夠單純享受含飴弄孫之樂的人，共通點在於不忍耐以及不勉強。每個人的容忍程度不同，如果發覺體力已不堪負荷，或者有其他想做的嗜好，覺得照顧孫子孫女不再有趣的時候，解決方法只有一個。

那就是直截了當跟子女說出想法。

不過，即使對象是子女，要踏出第一步也許還是很難，但你還是要把想法多少說出口才行。若覺得直接說：「我幫忙帶孩子的時間能不能減少一些呢？」太直接，那就先傳達「年紀大了，最近常感到疲累」這樣的訊息。

另外，你可以開始一個月一次，或週末找一天去上課，並試著告訴子女：「每個月我有一天沒辦法照顧小孩。」這樣人生不但多了興趣，也能稍稍喘口氣。

也許你會覺得這麼做，子女會很失望，但如果不去做，你也不知道結果會如何。

事實上，經常有很多人會一廂情願覺得：「我媽照顧孫子孫女的時候看起來更有活力，那乾脆趁著孩子還小的時候，有機會就多讓他們聚一聚吧！」

無論是親子間或面對他人，要施以援手，都要在自己覺得愉快的範圍內，也就是行有餘力再去做。經濟上的幫助也是相同道理。孩子有經濟困難時，父母用退休金去援助，只是讓父母的生活以及心情變得痛苦而已，對小孩的獨立以及承擔錯誤的能力並沒有好處。

「我不出手幫忙的話不行」這種想法，有時候會讓接受幫助的人產生依賴。所謂成熟大人的責任，就是自己的事能自己處理，這是最低限度的要求了。雖然說一個人做不到的事情大家互相幫助很重要，但是不搶走對方所需要扮演的角色跟責任也很重要。

＊註5：日本的保育園（相當於台灣的托兒所）採申請面試制，常有雙薪父母報了多間保育園全數落榜，工作時不知該把孩子託在何處才好，因此這樣的小孩有保育園難民之稱。

被需要是令人開心的。
但不能因為被需要而
毫無道理地默默忍受。

請一定要把「自己」的
重要性擺在任何人之前。

試著放棄小小的忍耐

就在我通過司法考試後不久，一九五五年七月二十日，我就跟先生結婚了。我先生雖然後來成為大學教授，但結婚當時是個貧窮的大學研究生，所以用結婚戒指代替了聘禮。

我除了參加能樂表演或練習以外，幾乎不曾將戒指取下，但就在結婚第四十四年時，戒指不見了。

一直陪伴在身邊的東西不見，感覺就彷彿失去了身體的一部分。我戀戀不捨撫摸著無名指時，先生說：「我會再買新的給你。」我就立刻提振起精神了。

一九九九年，先生迎來喜壽（註6）時，他在大學教過的學生想幫他慶生。於是我對負責人說：「我希望可以在慶生會中，安排他為我二度戴上結婚戒指的儀式。」

當天，先生穿著銀灰色西裝，我則穿著輕飄飄的長洋裝出席，還有超過三十位令人懷念的學生，從全國各地齊聚一堂。他們還是學生時，就常來我們家拜訪，喝酒吃飯。不可思議的是，像這樣聚在一起，大家立刻看起來就是學生時代的模樣，連我先生感覺也變年輕了。

宴會舉行到一半，來到戴結婚戒指的儀式。因為學生之中有人後來成為牧師，於是情況就發展成，先生要在當下對妻子許下永恆的愛情誓言。我裝出要接吻的樣子，老實嚴肅的先生頓時滿臉通紅，全場因而哄堂大笑。大家似乎都回到許久之前的青春年代了。

有些來找我諮詢離婚問題的女性，會提到丈夫工作上的人際關係為她帶來痛苦。但畢竟是一起生活的人，必須互相分享自己的人際關係及喜悅。別預設討厭立場，一起試著同樂，拓展自己的世界之後，也能看到丈夫好的那一面。

雖說如此，如果努力過後還是覺得討厭，或者對方根本不值得你做這樣的努力，我覺得還是趁早離婚比較好。因為我見過太多的熟年離婚案例，深切感受到忍耐是沒有幸福的。

將丈夫、妻子、孩子的體驗當作自己的事情一樣一起同樂，若能分享對方的喜悅、感動、辛勞及後悔，就能真的達到「喜悅加倍，悲傷減半」。但是如果怎麼樣也做不到，也不要害怕選擇走上離別，重新開始。

你是你，我是我，我們相互尊重對方的人生，保持距離。無論如何，自己的人生要由自己掌舵，希望你能時刻謹記這一點。

＊註６：即七十七歲，由於喜字的草書體看起來是由「七十七」所組成，故稱喜壽。

忍耐之後
就只有再一次忍耐。

你是否覺得，
只要忍耐，一切都會過去？

不是對方有沒有優點，是你有沒有看到

我經手過約一萬件離婚諮詢案，從中深切感受到，大部分情況下，夫妻結婚的理由和離婚的理由都是同一個。

比如說，有女性因為對方是「很有領導能力、決斷力的男人」而跟他結婚，但又因為他「愛強迫別人、個性頑固，自己沒有權力做決定」而感到後悔。也有女性是由於對方「會帶我去我想去的地方，送我羅曼蒂克的禮物」而結婚，後來卻發現「由於他錢花得太快，所以察覺到他會慣性出軌」。

來諮詢的人大多會說：「結婚以後他就變了。」但這不是突然的轉變，而是對方個性本就如此，只是當時自己認為那是最有魅力之處。

不論優點或缺點，都是呈現出一個人個性的特徵。

雙方剛認識時，為對方神魂顛倒時，會將對方的特徵視為優點。但是結婚之後共同生活，那就會成為缺點。

因此，煩惱夫妻相處得不太順利時，可以試著用「消去法」，總之先試著找出丈夫的優點最重要。

我常問來找我諮詢離婚的女性這個問題：「以下九項，你覺得你先生符合幾項？」

1. 不工作
2. 不給生活費
3. 使用暴力
4. 謾罵難聽的話

5. 喝很多酒

6. 出軌

7. 欠債未還

8. 不幫忙帶孩子

9. 不幫忙做家事

這些是我至今見過的離婚原因中，太太這方最常提出的九項理由。雖然其中有些項目只要有一項符合還是離婚比較好，但很多女性回答後，會因為「先生中了三項，但其他都不符合」而發覺丈夫的優點。

無論是過去還是現在，女性最討厭的男性行為，就是酒醉與暴力。如果發生在過去以男性為中心的社會中，大部分人會認為「只是這樣的話應該要忍耐」、「都怪女人太會嘮叨」等。

但現在時代不同了，不想再忍耐而離婚，一點錯都沒有。然而，在乾脆斬斷緣分之前，先試著用客觀角度去找出對方的優點，或許能避免走到離婚這一步，這種情況我也曾見過。

ξ ξ ξ

曾有一個無法忍受先生暴力，數次回娘家的太太，她頂著被先生揍到腫脹的臉，來找我諮詢離婚問題。我跟她說：「若是無法達成協議，去申請調解比較好。」本來她說會再考慮看看就要離開，此時我問了她前面提到的那個問題。

然後，大概是兩年後吧，他們夫妻兩人一同來拜訪我，臉上都掛著幸福的笑容。

「我先生戒酒了，變成一個徹頭徹尾的好人。」妻子這麼說時，她身邊的丈夫滿面笑容。

「那時，律師問了我那個問題，我圈了第三、四、五項，律師說：『那麼還有六個優點呢。』那時我心裡很不以為然。」妻子有點不好意思地說。

「你是不是覺得，誰都無法理解自己的痛苦？」我笑著說。

妻子恍然大悟地笑了：「沒錯，當時我認為自己是世界上最不幸的人。」

此時她臉上的笑容，是多麼的開朗而美麗。

另一方面，丈夫得知妻子甚至已經找律師諮詢，認真考慮離婚後，嚇得說不出話來，深切地反省自己。在他發誓戒酒，並成功洗心革面後，夫妻回到了平靜安穩的日常生活。

很多時候，將只看得見對方缺點的狹窄視野拓展開來，就能讓笑容回到生活中。

這不僅限於離婚問題，我敢說，人生中所有事情都適用。

只盯著一點看，
就看不見開在身邊的花朵。

你是否戴著「缺點眼鏡」
來看這個世界？

真實的想法會顯露在行為上

夫妻陷入困境時，最需要的是相互支持。

如果是愛已消失，只剩下金錢牽絆的夫妻，在遇到困難的那一瞬間，家庭立刻就會四分五裂。

有個在肉舖上班的男人，妻子因為對他微薄又不穩定的薪水徹底感到厭煩，於是離家出走。丈夫當時付了一筆可說是能力上限的贍養費，才正式跟妻子離婚。之後，他雖然與現任妻子再婚，不過因為工作的店倒閉，只能再找新工作。他第二任妻子深信丈夫，覺得他的努力和認真總有一天會得到回報，所以從未抱怨過一句。

妻子這樣的態度比任何加油歌都有用，最後先生找到穩定的工作，和心愛的太太跟孩子共創幸福家庭。

「我的前妻並不想和我一同分擔苦樂，但現在的太太無論在辛苦或快樂時，都一樣愛我、信任我，擔心我。她不說多餘的話，做多餘的事，只是整理好環境，讓我工作起來很順，讓我工作時也能保持規律生活。」

正是因為這對夫妻無條件地信賴對方，才能將先生的衝勁提升至最大，朝好的方向前進。

信任，不能附加條件。

有的人明明不信任對方，卻想透過「我相信你」這句話來改變對方。比如說，當丈夫或妻子打算做某件事，另一半可能會說：「這個事情不會順利吧，不過我相信你，所以加油吧！」這麼說，其實就是不信任對方。這種只有表面上的信任，對方是會有感覺的。

看多了夫妻間與家人間的人際關係問題，我覺得信任這回事，也許就是在當下單純直接地信任自己以及身邊的人，好好地對待他們。

另外，如果你無法信任他人，或者無法信任親人或配偶的愛情，那麼請試著好好觀察對方的行為。

ξ ξ ξ

我進入帝國女子專門學校就讀的第二年（一九四五年，昭和二十年）四月十九日，遭逢東京山手大空襲，位於小石川的校舍及宿舍全都被炸毀，我和一同從朝鮮及滿州國來到東京念書的朋友，到朝鮮取得護照，花了十天抵達上海車站，在車站外見到前來接我的父親。

聽見我說：「我回來了。」之後，父親只「嗯」了一聲，隨即轉身向前走。他看到女兒平安無事無疑非常開心，雖然他是個沉默又嚴肅的人，但這全表現在他的背影上。我一面小跑步跟上父親，一面覺得自東京空襲以來繃緊的神經慢慢放鬆下來。

人真正的心意，會表現在其行為上。

願意主動相信，
重視對方，給予支持，
即是突破困境的助力。

只有嘴巴說說是沒用的。

情緒化的言語，總有一天會成為最後一根稻草

言語能激勵人，給人勇氣，同時也可能是不去解開心中糾結時，直接斬斷它的利刃。尤其是夫妻間的言語經常會化為利刃，直接造成離婚。

「滾出去！我不想看到你的臉！」

「不然離婚啊！」

這樣的話丈夫多說幾次，妻子真的就會開始考慮離家。當我代替來找我諮詢的妻子轉交信件給丈夫時，總得到各種不同的反應。

「我不是認真這麼想的，我想要修復我們的關係，能不能讓她回來？」

有這樣苦苦哀求的先生，也有態度依然高傲的丈夫：「只要她願意放棄小孩的親權跟財產，那就離啊。」不過兩者雖然都對太太說了：「滾出去。」其實並沒想到妻子真的會離開。

另一方面，親子間也是如此。

「我不記得養過你這樣的孩子。」

「如果沒把你生下來就好了。」

這些話無論是在什麼場合下說出口，這把言語利刃都殘忍地割裂了孩子的心，有時可能誘發家庭暴力，甚至導致斷絕親子關係的危機。

雖說吵架絕不是一個巴掌拍得響，但是當對方已流於情緒化時，將他說的話放在心上，然後也情緒化地回應，這樣下去，大多數的人際關係都會崩壞。因為這樣相互攻擊的言語利刃，不由分說直擊痛點，比任何凶器都要狠。

也許那些話語的背後隱藏著「希望你理解我」、「希望你重視我」的想法，但是言詞這把利刃，足以將兩條糾結在一起的絲線斬斷，而只要斬斷的線沒有重新連結在一起，就無法回復原樣。

「凡動刀的，必死在刀下。」（《馬太福音》第二十六章五十二節）

這是耶穌基督說過的話。

為了試探誰或是操縱誰而丟出的言語之劍，不僅傷害別人也傷害自己。

千萬別忘了那是一把雙面刃。

只要丟出「刃」
無論你真意為何，
都會重傷對方。

——

自己不想被批評之處，
也不要拿來批評別人。

人類是一種不說真正心聲，只把次要想法說出口的生物

跟女性朋友一起喝茶聊天時，對方聊到丈夫出軌的事，你非常同情她，於是一起跟她批評起她的丈夫，說著說著她卻抱怨起你：「你根本不了解我們家的情況。」反過來，如果對她說：「你多少也站在你老公的立場想想。」對方則會張牙舞爪想證明自己丈夫有多麼壞。我想這樣的經驗大家應該都有過。

這種情況下，其實太太真正的心聲是：「我打從心底深愛丈夫，只是希望他不要再出軌。」所以不會來做離婚諮詢。

但我長年以來處理各種離婚案件，偶爾會碰到從表面上完全看不出夫妻感情到底是好是壞的案例。

那位先生是位長相帥氣的男人，卻不斷外遇又拋棄對方，持續交往了數個外遇對象後，太太終於忍無可忍，表示要離婚。而丈夫這邊，看到太太要求的贍養費金額後，眼珠子都要掉出來了，堅決表示絕對不離婚。由於調解不成，必須進入司法審判程序，就在判決結果即將出爐時，先生突然跑到太太娘家去接她，而太太也就這樣回到先生身邊。

沒錯，這個妻子仍然深愛丈夫，心底深處早就原諒他了。先不提整件事看來是白忙一場，徒勞無功，我只記得當時年輕的我一邊處理後續事宜，一邊打從內心祝福他們。

ξ ξ ξ

我覺得，人總是說不出真正心聲，說出口的都是次要想法。也許是太害怕了，怕將最想要、最希望的事說出口，可能遭受否定或不被接受。於是，人們就把心中所想，但不是最主要的心聲，一點一點地說出來，彷彿這些次要願望完成，真正的希望就會實現。

所以，無論丈夫或妻子都不敢說：「我還愛你，所以請回到我身邊。」而只說：「付我一千萬的話我就跟你離婚。」、「我絕對不會把小孩的親權讓給你。」

「我還愛你，所以請回到我身邊。」無法這樣說出口的女性，令人感受到人心微妙之處。雖然這樣的人類真是可憐又可愛，但是只要不把真正心聲說出來，對方也只能從他的角度來看事情。

於是，在最後的最後才讓對方知道自己真正的想法時，才發覺自己繞了好大一圈。所以，把想法封閉在心中，沒有任何好處。

把真正的心聲說出來，是解決問題的第一步。

你都這個年紀了，
到底還在跟誰客氣什麼？

會產生羈絆的不是「血緣」，而是「心」

我有法律專業，而丈夫通曉英文，所以我們夫婦曾有一段時間共同協助處理國際收養的法律程序。透過協助過程，讓我有機會去思考生命的重量，以及人與人之間的羈絆。

國際收養的委託人，大多是沒有小孩的美國日僑，而孩子的生母，有時是十幾歲的少女，有時是被強暴而懷孕，但不小心錯過可以人工流產時期的女性。

在美國，收養這件事已深植於文化中，養父母都把領養的孩子當作自己的孩子，溫暖地迎接他們。

我曾在某個事件中，體驗到這樣深刻的愛。

這是三十年前發生的事。某一天，某個養父母跟我聯絡。他表示，小孩子已經一歲半了，但還不會走路，所以想跟接生的醫師確認一下孩子出生的細節。

雖然孩子已經收養超過一年，但如果原本就是身體有障礙的孩子，我猜測對方還是有可能想解除收養關係。因為我之前也遇過日本人收養孩子，卻無法照想要的方式養育孩子，為解除收養關係而提出訴訟的案子。

由於美國法律不承認收養後再解除收養關係，我心想這個案子的養父母也許是希望解除，而我只能盡力而為。我把這樣的想法，以及根據醫生的陳述整理成的書面資料寄了過去。

然而，養父母的回信內容卻令人意外。

信中寫著：「這孩子是我們的孩子，我們並不想將他送回日本，只是想問主治醫生孩子出生時的狀況，當作治療參考而已。律師送來的資料幫上大忙了，非常感謝您。」

我至今仍記得，這樣超越血緣的牽絆深深打動了我。我認識的其他養父母，也都是充滿愛心的人。

有時候我會聽到有人問：「為什麼要刻意把孩子出養到美國？」但是在日本，又有多少人願意領養一個素未謀面的孩子？另一方面，這也提供了只能將孩子放入「棄嬰郵箱」的母親們多一個選擇。

國際收養拯救了許多日本女性，幫助她們自立，託此之福，有許多母親一邊不捨哭泣、一邊放手出養孩子。

「你沒辦法養育他長大的。」

「這麼做是為了孩子的將來。」

由於周圍的人這樣遊說，生母們哭著答應出養，當孩子遠渡重洋後，她們又責備自己，痛苦不堪。

看到那樣的情況，我也相當痛心。但是當收養關係成立，看到期待跟孩子結緣的溫柔養母懷抱孩子的樣子，我又覺得：「這孩子會幸福的。」、「有個真心等待這孩子到來的人。」看到他們淚眼婆娑的樣子，我和我先生都認為，我們持續做這件事真是太好了。

驀然回首，我們協助的國際收養案件已超過五十件。養父母在聖誕節時寄來的卡片上，都印著孩子們的幸福笑容，是他們教會我，人與人之間的羈絆不一定來自於血緣。

比血緣連繫還強烈的
是人心的連繫，
它能救贖人們。

人與人之間不是靠「血緣」，
而是靠「心」來相互連結的。

怎麼待人，別人就怎麼待你

以前我無意中瀏覽電視播出的動畫片時，有個《補鞋匠馬丁》的故事吸引了我的注意力，它的原作是托爾斯泰所寫的童話故事。

馬丁是一個年老的補鞋匠，一個人孤零零地生活。他最愛的妻子早一步離他而去，留下他跟兒子兩人共同生活，但後來兒子也病逝了。馬丁失去了生存的欲望，即使朋友邀他一起參加慶典，他也把自己關在家裡足不出戶。

某一天，有個牧師來拜訪，委託他重新修補老舊《聖經》的書頁。那天晚上，讀《聖經》讀到睡著的馬丁，夢見上帝告訴他：「明天我將會來拜訪你。」

第二天，馬丁一大早就醒來，心情跟平常不一樣，為了迎接上帝的到來，他拚命打掃家裡，見到外頭忙著除雪的清潔工人，便請他喝了一杯熱紅茶。清潔工人因此看起來非常開心。

又過了一陣子，有個在隆冬中連大衣都沒穿的婦人抱著嬰兒經過，馬丁見到就邀婦人進他家，讓她在暖爐前烤火，請她吃麵包與燉菜，並且將自己的披肩送給她。

當天色已暗，馬丁的店門前有個賣蘋果的老太太經過，她將果籃放在地上，坐下來休息。就在此時，一個貧窮少年搶了老太太的蘋果就跑。馬丁急忙趕上去抓住少年，由於老太太請求他原諒那個孩子，於是馬丁就買了一顆蘋果送給少年。

結果，雖然上帝沒出現，但一直以為自己是世界上最可憐之人的馬丁，現在卻突然發覺還有更多可憐人存在。而且他了解到，就算是像自己這樣的人，也能夠溫柔待人，這使得他的心中感到溫暖。

那天夜裡，馬丁坐在椅子上打開《聖經》，上帝出現了，告訴他：「你今天遇見的所有人，都是我。」

事實上，《補鞋匠馬丁》的原作名為《哪裡有愛，哪裡就有上帝》，意指當我們採取有愛的行動，上帝便存在當下。如果對待所有事物都像對待上帝一樣，心靈自然會感到充實且溫暖，孤獨與不幸的想法就會消失。

體悟到這件事的馬丁，回想起過去溫柔又主動的自己，便和好朋友一起出席城鎮的慶典了。

這個故事令我心裡一熱，領悟到人無論受到怎樣的挫折，都能在充滿愛的地方重新出發。

在《補鞋匠馬丁》這個故事中出現了許多孤獨的人，比如掃雪的清潔工、抱著嬰兒的婦人、賣蘋果的老太太、貧窮的少年。當馬丁陷入失意，封閉自己心靈時，誰也進不了他的眼，接著馬丁自身也成為一個被人忽略的存在。

ξ ξ ξ

孤獨與死亡對每個人來說都很可怕，但更可怕的是，被忽略地生活下去，那是一種雖生亦猶死的狀態。

我平常就無法不理會那些受忽略的人。比如在聚會場合中，若有人形單影隻地站著，我就會出聲招呼對方：「來這邊一起聊吧。」這是因為我覺得，不去假裝沒看見，並且能主動出聲招呼「來這邊」的人，就不會是一個人孤獨活著。

所有人、所有物品，都有神靈寄宿其上。珍惜這些人事物，就等同於珍惜自己。這跟日本自古相傳的有八百萬神（註7）是同樣地的思考。

若以愛為出發點採取行動，那麼一定會產生人際間的連繫，擺脫孤獨。

哪裡有愛，哪裡就有神。從自己開始付出愛的人，無論遇到什麼情況都能重新出發。

＊註7：日本神道是自然崇拜，認為各種物品上都有神靈寄宿，八百萬神意指神明之多。

以希望別人對待自己的方式，
對待眼見的所有事物。

哪裡有愛，哪裡就有神。

第3章

真誠度日

能重新畫下完美句點的「獎勵時間」

幾年前，我不小心在家裡的樓梯上滑了一跤，雖然當下沒怎樣，但幾天後我的腰卻痛到沒辦法行走。雖然我現在已經好很多，但再也不能繼續跳我持續跳了五十年以上的能樂仕舞（註8）。咒罵自己什麼的都已經是馬後炮了，總之我只能後悔莫及。

雖然我討厭服輸，但是固執去做做不到的事也非我的天性，於是我放棄跳舞，改為坐在椅子上唱詞，繼續下去。

最近我開始覺得，人老了以後並不是只能不斷失去，有部分我原本可以但現在做不到的事，卻令我有其他收穫。

那就是，雖然我的自尊與煩惱從未消失，但我已經不像年輕時那麼在意，有種得到解放的感覺，對事物更加寬容。

當做不到的事情增加一件，就等同於多一件事必須借助他人之力。若緊握著自尊不放，覺得自己可以單獨把事情做好，是活不下去的。不要執著於沒辦法做到的事，而是去做能做的事，並樂在其中。我在無意識之間開始轉換成這樣的人生方向。

我過去一直煩惱的事，一直視為巨大人生課題的事，無論我願不願意都已經沒辦法繼續，所以也就無所謂課題不課題了。取而代之的是，我開始尋找能讓人安穩度日的必要事項。

比如說，對以前不夠率真的選擇做出補償、說出一直說不出口的話、原諒以前無法原諒的事情等。用捨棄執著、純粹的眼睛，再一次面對那些鬆脫糾結的線或斷掉的線。

ξ ξ ξ

我平常很節省，打電話時說完重點就馬上掛斷，當想起還有事沒講，又馬上打電話過去補充說明：「抱歉我又打來了，關於剛才說的事情……。」

曾有人指出我這個「壞習慣」，但我重新思考過了，人生不就是如此嗎？忘了提到的事就補充一下；說錯話，就訂正；話說過火，道歉就好了。

我總覺得，這是一種在重新修補結局的感覺，活得很老很長壽，就等同得到「重新整理人生糾結」的時間。

獲得額外的遊戲時間，簡直是人生的獎賞。

＊註８：仕舞，指的是單單表演能樂中主角最具代表性的一段舞蹈，不需穿正式能樂表演裝束，只需著和服、紋服或袴。

長壽是一種獎賞，
是人生的額外遊戲時間，
能將糾結纏亂的事物，
重新整理成幸福結局。

年老是能將一切
「從零開始」的獎勵時間。

想將「理所當然」說出口時，就代表你不再進步了

「年紀愈大，愈頑固。」

雖然常有人這麼說，但我覺得這要看個人心態。

一般來說，人年紀愈來愈大，就會傾向把從經驗習得的教訓，歸結出一套規則，並在生活中忠實遵守。但是，那些老是把「最近的年輕人啊」掛在嘴邊的人，也許有必要拓展一點視野。

我透過法律與人際關係問題，目睹戰後日本的變化。我覺得，無論在什麼時代，人們心中一旦有「理所當然」這個概念，不僅會排斥與此概念不合

的人，也會不想改變自己，結果造成人際關係的鴻溝，甚至到無法修復的地步。

每個時代以及成長環境所得出的「理所當然」都不同。

我不但喜歡和年輕人聊天，對於了解現在的電視節目、流行事物也樂在其中。有時候，我會試試看穿戴節目推薦的帽子或絲巾，看電視的時候總是有新發現。

另外，近年來我接的家事事件，大多是跟稻村鈴代律師合作。她跟我一樣，在福岡也有自己的事務所。從她還是新人時我們就認識，至今已經有三十年左右了。和有默契的律師一起合作處理案子，不但可以參考採用新的想法，也能學到很多事情。

即使年齡增長，與時俱進還是很重要。我認為人不能失去對知識的好奇心，而無論是什麼人或新事物，都要用率真的心相待。

我所謂的率真，並不是指照單全收別人說的話。做律師這一行，雖說要有為了當事人絕不退讓的強悍，但也要能率真地接受對方的想法，有彈性地應對。能以率真的心面對，不但能放軟主張，也能從中取得平衡。

我認為，取得強悍與柔軟之間的平衡非常重要。別人誇獎我們時，我們能說：「這樣啊，我好開心，謝謝。」別人對我們說：「不如這樣試試？」我們不會先徹頭徹尾否定，心想：「少在那邊裝作很懂。」而是真心去感謝、去接受：「謝謝你告訴我。」

有人的想法跟自己不一樣時，我們能興味盎然地換個角度想：「原來也有這種看法。」這不是要你抹除自己的看法，而是如果能保留接受新事物的空間，人生會更加新鮮有趣。

受限於「理所當然」的概念，
就等同拒絕別人以及社會，
最後成為孤獨的人。

——

所謂的「理所當然」是什麼？

解開內心糾結，用感謝重新連結關係

對我而言，「率真」這個詞具有特殊回憶，那是跟我母親有關的回憶。

我的生母在我小學四年級時過世了，還留下一個七個月的小嬰兒。為了母親遺留下來的五個孩子，父親在周遭人的建議下，迎娶了我亡母的妹妹，也就是阿姨來續弦。新的媽媽帶了兩個女兒一起來到我們家，新的姊妹一個比我大，一個比我小。當我們還是表姊妹時，我並沒什麼感覺，但是一起住之後發現，我跟個性剛強的妹妹處不來，新媽媽也感覺很冷淡，於是我開朗的性格逐漸變得陰沉。

太平洋戰爭打得正熱時，我希望離家前往東京的帝國女子專門學校就讀國語科，並且順利通過考試，但是進入該校就讀，必須提交學生成績報告書。

學生成績報告書中，有個問題是請父母敘述自己孩子：「請問你如何看待你的女兒？」

我當時很驚愕，學生成績報告書其實本人是不能看的，但光想到母親是怎麼想我的，我就覺得很可怕。不過，我還是想看。因為實在太在意，我將信封封口悄悄打開來偷看，只見那個問題的欄位只填了一個詞——

「率真」。

母親用漂亮工整的筆劃寫了這兩個字。

這兩個字實在出乎我意料之外，那筆墨無法言喻的欣喜，至今仍令我難忘。

我在內心對母親深深鞠躬道歉：「謝謝母親大人，我過去是個壞孩子，請原諒我。」我過去是那麼叛逆，母親卻認同我是個率真的孩子。

那時，我對自己哪裡率真其實一點也不了解，但總之強烈地認為：「率真很好，我要一直這麼率真下去。」

ξ ξ ξ

這件事讓我跟母親的關係慢慢有所改變。因為我認為自己的優點得到認同，所以反抗心也變淡。

結婚生子後，因為與母親保持良好距離，內心也比較從容，母女關係更加改善。母親住在熊本的法院附近，每次我因為出庭或掃墓而順道拜訪時，母親都會特意做好吃的飯菜等我一起吃。我非常喜歡吃母親做的散壽司。

當母親八十五歲時，我這麼對她說：「如果你想到有什麼想說的，就寫給我吧。」

然而母親寄給我的信中，文字無力地連在一起，完全看不出這是過去寫字那麼漂亮的人所寫的。信中容敘述她年輕時的辛苦、即使現在說了也無可奈何的事，以及感謝我在父親死後仍持續奉養照顧她等話語。

ξ ξ ξ

明治時期出生的父親，既嚴格話又少，就是所謂的「肥後頑固」(註9)，母親從來不敢反抗他。她每天要照顧五個丈夫前妻的孩子、兩個自己的孩子，想必非常辛勞。我讀著信，重新對母親的勞苦及矛盾有所認識。

母親活到九十八歲辭世，我們之間糾葛的線，多虧了母親的長壽，才有機會鬆綁，讓我重新用名為感謝的線連繫起來。

小時候看過的風景，和累積人生經驗之後看到的風景，是完全不同的。

當人的年紀不斷增長，最終增長到雙方都垂垂老矣之時，我們才能懂得雙親，或那些曾經嚴厲教訓過我們的人的真正想法。

＊註9：「肥後もっこす」。此為熊本方言，熊本縣在日本古代的行政區劃名稱為肥後國，這個詞形容的是典型的熊本人性格：固執、脾氣倔強、不知變通。

和解之時

必定會到來。

正因有人生經驗的累積，

才能品味不同的人生風景。

說了一個謊，心就會築起空虛的牢籠

某位四十歲左右的男性，在深夜使用螺絲起子潛入大廈，盜取某公司辦公桌抽屜裡的值錢物品時，正好被抓到，被以現行犯逮捕。據說他過去也犯過相同案子。

「你還犯過其他案子吧？我們有證據。」警察這麼訊問他，他卻頑固否認：「不，我只做了這一件而已。」

我告訴他：「請說實話，不可以說謊喔！」他表情突然一變，似乎想起了什麼。

原來他小時候撒謊時，母親曾經告誡他：「說謊是當小偷的開始。」

接著，他將自己做過的事全盤托出。他的妻子為他籌措賠償受害者的金錢，我則一間公司一間公司地幫他償還，最後法院判他有期徒刑兩年六個月，緩刑五年。

「好像在作夢一樣，謝謝律師！」

開心的他一掃臉上陰鬱，那是終於擺脫不斷重複說謊的生活，終於安心下來的表情。他下定決心要洗心革面，看上去神采奕奕又充滿力量。

ξ ξ ξ

在日文中，說謊這個字寫成「嘘」，是口字旁加上心虛的虛。意思是把不是事實的話說出口，會受到心靈的苛責。

當你對這世間持續撒謊，無論是為了蒙混過關，還是只求自保，你心中仍然清楚那些都是謊言。

有句話是這麼說的：「說一個謊時，很少人知道即將背負多麼沉重的負荷。為了遮掩一個謊言，就需要發明另外二十個謊言。」我也有同感。

一開始可能只是為了保護自己，所以撒了一個小小的謊，但也即將因此失去許多東西。像是失去周圍的信賴、人與人之間的聯繫，到後來，人生也失去光輝，最後困在自己所建的謊言牢籠中，背負著人生沉重的負擔。

別因為一個小小謊言所創造出的「牢籠」，把自己圍困起來。

別人不知道這是謊言，但你知道。

即使你打定主意要一個人過，但沒人是完全一個人獨活

有一個年輕妻子再也受不了丈夫的言語暴力，帶著孩子離家出走。她寄居在娘家已經兩年，丈夫卻不肯回應離婚一事。

「她自己自作主張離家的，我不會給她生活費，也沒道理跟她離婚。」

進退兩難的太太告訴我，她因為不安所以睡不著，甚至說：「有時候我都覺得乾脆死一死算了。」

會來尋求法律諮詢，都是當事人雙方談不攏才會來找律師，但這樣的案子也令我心情沉重。

夫妻長期分居，現在已經可以成為訴請離婚的理由，但是若單方面不願意溝通，膠著的狀況會拖很久。

「不管是生活費還是離婚，都有方法從法律面去請求，所以不能放棄人生。你絕對不能忘記你還有雙親跟孩子，你可以靠著他們活下去。」我這麼對她說。

ξ ξ ξ

人生無論是陷入多麼孤獨的情境，我們也絕不是一個人活在這世上。也許會有人說：「不，我就是一直孤獨地活著。」但這並非事實。

你之所以存在這世上，一定是因為有父母、父母的雙親和他們的雙親，以及更早之前的祖先。而且，打從生下來之後，也受過許多人的幫助，才能活到現在。

人類並不是一出生就能自立的動物，你還生存著，就證明了有許多讓你活下去的存在。

我今年（二〇一七年）也兩度在盂蘭盆節（註10）以及年底時，到福岡及熊本的娘家掃墓。掃墓時，是回憶那些生下自己、養育、守護自己的人很重要的時刻。同時，回憶故人這件事本身，也是感覺自己「靠著許多先人活下來」的時刻。

ξ ξ ξ

人是孤身一人來到這世上，也是孤身一人離開這世間，但沒有人是只靠自己存活在這世上。

你還活著，就代表一定有誰抱過你、牽過你，和誰產生過關係，靠著許許多多人的手，你才能夠活下來。

「我一個人也能活，別管我。」

當有一天想對誰說出這句話時，請記得這件事：聽你說這句話的人，也是讓你活下去的，重要的一個人。

＊註10：即日本的中元節，依各地習俗有所不同，但多半設於八月十三至十六日期間。

人生是自己的。
但自己的生命，
卻是由他人所賦予，所扶持的。

「一個人活著」這種話，
實在是愚蠢可笑。

適度遺忘讓幸福倍增

我發現隨著年紀增長，人會分成兩種：一種是覺得「太麻煩，所以算了」，就把過去始終擔憂之事忘掉的人；另一種是隨著年紀增長，怨恨愈加深重的人。

之所以產生這樣的差異，來自於自身的幸福程度，以及心靈是否從容。

那麼，要如何提高幸福程度，讓心靈從容呢？那就是不要執著於過去。

「那時候如果那樣就好了」、「我絕對不原諒那個人」，這樣的後悔及怨恨，會令幸福遠離。當有怎樣都無法放手的過去時，請試著問一問自己：「這樣下去，一年後、三年後、五年後，我還打算要讓後悔或憎恨伴隨著我，折磨著我過活嗎？」

人只要活著，就有未來。想選擇繼續由後悔、怨恨相伴的未來，還是放手讓未來過得安穩，就是現在這個時間點要做出的抉擇。

這也是在離婚及繼承問題中，解開人際關係糾結的關鍵。一旦覺得：「這樣不行。」就要立刻轉換方向，愈是能把能量轉換到喜歡的事情上，人就愈容易抓住幸福。

我覺得，女性特別有想只靠自己的力量，去努力解決人際關係問題的傾向。就是因為如此，當婆媳、親子、夫婦問題浮上檯面，在關係彆扭的情況下，女性就愈想做些什麼，卻也愈是泥足深陷。這時候要能意識到這一點，先放下自己的想法跟固執。

我建議可以去試試培養新的興趣。

我從沒辦法跳能樂仕舞的那時起，開始練習「總有一天要來學」的書法。

因為站著就能寫，我的腰也比較輕鬆。我一個月只練一次，也只練一個字。因為我的書法老師非常會誇獎人，所以我很愉快地繼續學習，持續久了，我現在覺得自己多少算是擅長寫書法了。

當人有幾個新的興趣可以挑戰，會的技能增加，就不會只盯著現在的問題，而能將目光移開，在新的人際關係中發現樂趣。把曾經一度非常集中的視野拓展開來，心也能從容起來。心靈從容，人就會變得寬大，就不會去嫉妒別人的幸福、怨恨別人。然後，能朝向未來、樂在當下，於是又覺得更幸福了。

像這樣熱衷於眼前做得到的事，過去覺得沒辦法照自己想法解決的問題，有時候就會在不知不覺中解決了。

要選擇「持續怨恨的未來」
還是「平靜度日的未來」，
靠現在的你抉擇。

——

別讓「受限制的心靈」阻擋幸福。

創造心靈歸屬從來不嫌遲

我年輕時做律師這份工作，當結果令人滿意，和委託人一同分享喜悅時，心裡覺得十分充實，但是在結果尚未出爐前，很多時候，那份壓力與孤獨感常大到讓我覺得自己就要被壓垮了。

我不斷問自己，到底我適不適合做這份跟人們爭鬥有關的工作。必須了解委託人的心情，找出更好的解決方案，支持委託人的人生，這份責任感壓得我喘不過氣來，我也曾經心想：「不想當律師就別再做了。」而萌生逃走的念頭。

這時候，給予我支持的就是能樂。

「今天有仕舞的練習，要不要來？把中氣練足，在法庭上說話會大聲一點。」

三十歲時，大概是因為我站在法庭上看起來太沒自信吧，福岡地方法院的安倍正三法官打電話給我，於是我應邀前去練習場。

那時，只見安倍先生在地方法院的和室，與司法實習生練習寶生流的曲目。透過工作，我了解到他是一個充滿人情味的法官，十分尊敬他，因此我連腳麻也不敢說，持續練習，一直到現在。

仕舞跳著跳著，就有種面對自己內心深處的充實感以及緊張感。這對我而言是忘記工作，使內心平靜，只為自己的一段珍貴時間。

另外，因為得到在報紙上寫專欄的機會，我得以將各種當下的想法寫出來，並且退一步去觀察工作與自己。

我感覺到，無論是當一個律師、一個妻子和母親，能樂和寫作都是我的歸屬，支持著我。

當育兒生活告一段落，生活安定下來，我能自在做回自己時，已經過了四十五歲，也是從這個時期開始，我終於覺得：「當一個律師真好。」

對來找我諮詢的女性，我也建議她們要有工作以外的興趣。因為興趣是心靈的歸屬，如果有好幾個心靈歸屬，就會發現眼界因此拓展開來。比如說在家庭或工作上覺得很辛苦，那麼專注於興趣的時間，或是跟興趣有關的人際關係就會給予自己支持。

另外，持續投入興趣，熟練度就會提升，有可能對工作有幫助，或者培養出友誼，對人生而言是寶貴的財產。

當你健康、長壽又有持續下去的興趣，六十歲之後，就會發現有一件事你已經持續做了十年、二十年，甚至三十年。不管幾歲，你都能自己打造自己的歸屬。

任何一樣事情，
只要開始做，
都不嫌太晚。

——去找到一個心靈歸屬吧。

第 4 章

內心充滿活力，樂在當下

接受他人幫助，也是為了能挺起胸膛活下去

根據新聞報導，二〇一六年，日本百歲以上的高齡者已經突破六萬五千人。無論政府導入的照顧保險，還是二十四小時到府健康服務的普及等，比起過去，高齡照顧的精準度以及服務都提升許多。

聽說近年來，不管是醫生還是護理師，在說服慢性病患者改變生活習慣時，已經不是用「真的嚴重起來會死人」這種說法，而是說：「嚴重起來會很痛苦，但不會死。」

以前，某個縣立高中的前校長 T 先生，在陪伴他五十年的太太過世半

年後，也為自己寫好遺囑。當時七十八歲的 T 先生健康又獨立，並有一顆柔軟的心。他的女兒、兩個兒子也都是溫柔的人，孩子都對他說：「跟我們一起住吧！」但他絲毫不想離開家鄉，選擇一個人生活。他就是在這個時候寫好了遺囑。

這份遺囑裡，涵蓋了他的四個基本理念：

一、想要親自供奉亡妻

「這片土地、這個家是我們兩人的命，如果可能我想保持原狀，緬懷往日的妻子，忍著悲痛繼續供奉。」

二、太複雜的生活會消耗身心靈，希望能避免

「雖然我能忍耐孤獨，但是萬一關係失和或溝通出現障礙，會讓雙方感到尷尬，也令人煩心，只會讓身心靈感到疲憊。」

三、想要擁有活著的價值

「失去活著的價值，就跟死了沒兩樣。我活著的價值就是：三個孩子都能好好地生活；在家裡的菜園因應四季耕種作物，時常送去給孩子們分享喜悅；在版畫社團裡以志工身分指導學生等。」

四、保持健康

「我腸胃比較弱，希望盡可能保持好的狀態。我在現有的土地上種菜，每天除草耕種過活，這就是最好的運動。」

以這四個理念為主寫成的遺囑，文字非常漂亮。遺囑完成後，過了十年我再見到T先生，他一點都不顯老態。

詩人塞繆爾．厄爾曼（Samuel Ullman）所寫的《青春》一詩中有這樣的句子：

「青春不是人生的某個時期／是心境。／（中略）／年歲增長並不會令人老去／失去理想的時候才是正要年老／／歲月使皮膚增加皺紋，失去熱情使心靈凋零。」

這首詩寫的主角，根本就是Ｔ先生！

「我還是一個人活得很快樂喔。」

Ｔ先生那坦率、開朗、堅決的樣子，令我內心深受感動。

ξ　ξ　ξ

長年以來，在處理離婚問題時，我都會告訴女性要有「三項自立」，亦即：

「精神的自立」

「經濟的自立」

「社會的自立」

但是，隨著年齡增長，也有可能再也做不到。到了人生後半場，我認為就需要跟過去完全不同的自立，也就是第四項自立：

「自己的事情自己做，做不到的事就拜託別人」

不借助他人幫忙就做不到的事、自己一個人會覺得不安的事，就積極找人幫忙，然後說聲「謝謝」以示感謝。但是，自己現在還做得到的事，就不要依靠別人，努力去延長自己處理自己事情的期間。也因此，你需要很清楚知道自己做得到什麼、做不到什麼。

別認為年紀大了就當然需要幫助，當然需要照顧，而應該是在得到幫助的情況下，去尋找自己還能做些什麼。我認為這是最好的。

ξ ξ ξ

若因為身邊有人在，就覺得接受幫助是理所當然的，那麼事情不如己意時就會產生不滿，憤怒、痛苦也應運而生。

只要知道人打從一開始就是一個人，不要模糊他人與自己之間的分界線，就會發現如何在生活中跟對方保持剛剛好的距離。

這樣的話，就會珍視與別人的關係、在人際關係中付出愛，並且感受到被愛。無論誰為自己做了什麼事，都單純直接地感謝並且接受。

接下來的人生，我希望能以這樣的方式走完。

「需要他人幫助的事」vs.「自己能夠做到的事」，
如果自己能分得清楚，那就是自立。

——

年老也能有格調地老去。

身後留給家人的事物，不留下來的事物

來找我諮詢遺產繼承問題的人愈來愈多。我想是因為很多人對於照顧年老雙親的人不再抱有敬意，只顧著要求自己該分到的財產。

「繼承上，不論男女還是兄弟姊妹，都是均分的對吧？我要求一切依照法律辦理。」

「要我們兄弟平分財產是不可能的，這樣家業會倒。」

「我不會原諒妄想獨占財產的大哥。」

「明明父母生病時從來沒有照顧過還敢說。」

看著兄弟間說話聲音愈來愈大聲，我忙著安撫、表示同感、說服他們，盡可能讓所有人冷靜下來。但看到手足間為了各自權利一直爭吵，忘記相互體貼，最後走向恩斷義絕的路，實在令人不忍。

關於遺產分割的爭議，只要各方都不肯讓步，整個過程只會拉長。所以，有些人為了避免家人起爭執，會在離開人世前留下訊息，也就是遺囑。

我常常說：「過了七十歲就要把遺囑寫下來。」只要這麼做，就能避免一場爭鬥，實在沒有不寫的理由。

我父親過世前雖然沒有留下遺囑，不過他在六十六歲過世的半年前表示：「我要是死了，可以把二樓改作學生借宿的房間。」我家本來是平房，說完之後，他就增建二樓，隔為三個房間。

父親相當認可母親的做菜手藝，不久之後，父親就通知所有孩子要辦增建慶祝會，孩子跟孫子齊聚一堂，我跟丈夫也抱著出生還不到半年的長子出席，當時父親看來非常開心。

隔月，父親暈倒在浴室，不到三天就離開人世。

不知道父親是不是有預感自己將不久於人世。在此之後，我母親將二樓的三個房間分租給三個大學生，並且高興地對我說：「大家看起來都很開心。」這就是我那個性豪爽又有人情味，具有敏銳觀察力的父親過世的情況。

ξ ξ ξ

遺囑也有為老後生活做準備的功能，在撰寫的同時，可以回想起自己在人生中開花結果的事情、獲得的東西等等。

年紀大了、隻身一人時，未來想如何度日；臥病在床或得了老年失智症後，該如何生活；自己的存款與股票、不動產該如何處理……寫遺囑之際，也是考慮如何設計老後生活的好機會，同時也是整理要將什麼重要家產或金錢送給珍視之人的時候。

自己死後，為了不讓自己珍視的人為金錢起爭執，預先整理好很重要。財產多少不是問題，留下訊息是為了身後能讓悲傷不已的重要人們，以安穩的心情繼續過日子，得到幸福，我覺得這是具有品德的行為。

遺囑是留給家人的訊息，
也可以藉此回顧自己的人生，
為老年生活做準備。

特別是「根本沒什麼財產」的人，
更要為自己而寫。

令遺族感嘆的一封「花的遺言」

這是發生在某年櫻花季的事。

N女士過世了，她曾說過：「如果能死在櫻花飄落的時節就太棒了。」她過世時正是櫻花吹雪，天氣溫暖的日子。

N女士有房產跟退休金等，老後過得十分富裕。當她得知自己罹患癌症後，就到公證人事務所主動立下遺囑。一輩子單身的N小姐有個夢想，那就是將財產捐給她做志工的社福機構。

在她死後，家人才知道遺囑內容：「將存款八成都捐贈給N小姐所屬的社福機構，剩下的不動產以及存款由亡故兄長的長男繼承，並將身後事一併託付。」後來她的遺產就依遺囑來分配，而那個社福機構也將她的遺囑名為「花的遺言」，贈與她感謝狀。她這種簡潔明快的做法，在日本很少見，也讓公平公正的遺囑和法律實現了她的希望。

ξ ξ ξ

但另一方面，法律在某些人看來，卻十分不近人情。有個女子因為和繼父有關的遺產繼承來找我諮詢。

她母親在她三歲時跟繼父結婚。繼父本身沒有小孩，夫婦結婚後也沒有再生養孩子，她一直是獨生女，繼父也把她視如己出。

母親先一步離開人世後，繼父在八十歲時也病倒了。她不眠不休地照顧，三天後繼父就走了。但是繼父當年並沒有辦理收養手續，以至於她沒有繼承遺產的權利，所以來找我做法律諮詢。

繼父留下的遺產，是她過世的母親及繼父共同累積的，實質上可以說是父母的共有物，如果法律沒有規定的話，理應由女兒完整繼承。如果當初繼父有留下遺囑，表示：「將財產贈與亡妻的女兒。」那就不會產生任何問題了，但是現況如此，我也沒有辦法。

於是，我擔任所有遺產繼承人的召集者，將遺產目錄以及遺產形成的過程寫成一封信，寄給遺產繼承人們的律師。幸好所有遺產繼承人都表示理解，最後達成協議，讓我的當事人繼承全部遺產的二分之一，剩下的由繼父的姪子跟外甥繼承。

法律只是解決人際關係問題的原則，當然，法律也能救人，但有時候，法律也可能不適合完全套用於現實。我想，彌補這之間的溝壑，就是我們律師的工作。

「站在對方立場思考。」

這是我剛成為律師時，我的恩師灘岡秀親經常對我說的話。有次發生一件事，讓我有機會深思這句話的意義。

某個已婚男子跟外遇對象有了孩子，外遇對象為了向男方請求確認與孩子的親子關係及養育費用，來找我諮詢。

男方表示：「如果妻子發現的話我就完了。」因此連調解都不用，完全答應我方請求的高額賠償金、確認親子關係以及養育費的要求。我非常滿意，但當事人卻表示抗議。

「我比較想要走調解這條路。」

原來男方當初不斷承諾會離婚，當事人才和他持續保持關係，但是一知道女方懷孕，男方馬上躲得遠遠的，所以當事人想藉著調解的機會讓他親自面對。

希望他能好好面對她跟孩子，這是我當事人深切的期望。

當時還是新人的我這才恍然大悟，原來我並沒有體會到當事人心中的痛楚。

這次苦澀的經驗告訴我，解決案子，一定要考慮當事人心中的痛苦以及後悔，然後去思考解決方案。

ξ ξ ξ

在這之後，我也透過經手的無數案件，深切感受到人的心靈與想法，絕不是單靠法律就可判決，有時候法律幫得上忙，有時候在覺得法律真是不近人情時，我只能投入全部心力一直思考：「到底該怎麼做，才能做出貼近當事人內心的辯護？該怎麼做，才能讓委託人獲得幸福？」

人是有心的。

不管是遺產繼承、離婚問題，如果完全依循法律，法律有規定就是「正確的」，與法律相左的就靠法律制裁，那原本可以解決的問題也會變得無解，又或者解決了，卻換來和家人斷絕關係的悲劇。

是否能去理解和體貼對方，我想結果將有所不同。

法律無法拯救誰，
能夠拯救人的，
無非是想要理解別人的那份
體貼之心。

最後留下來的，
不是金錢，而是「心意」。

完美離去的人，不會留下多餘的金錢

誰都希望到死之前都還很有精神，不要讓周圍的人苦於照顧自己。也因此，常聽到有人擔心自己會長壽，就不敢動用金錢。

「有錢的話，老年生活就安心了。」

「把錢留下來的話，孩子就會幸福。」

這樣想的人不在少數。

但是，我希望這樣想的人可以思考一下，自己辭世之後，家人之間是否可能會因為那一點點的遺產而出現骨肉相爭的情況。就算有錢能帶來安心，也不一定會得到幸福。

ξ ξ ξ

某個男子死後，留下三封親筆遺書給家人。三個兒子都各得到一封，每個兄弟都誤以為：「爸爸只留遺書給我。」

而我接受了三兄弟其中一人的諮詢。

他們過世的父親在七十歲時，由於妻子先一步離開人世，開始和長男一家同住。那時，他寫下「要讓長男繼承我所有財產」的遺囑。但是因為跟長男夫婦處不好，他常向次男與三男發牢騷。在此背景下，他也留了遺囑給兩人。

我想，這位父親可能是想要孩子都重視他，所以各寫了有利他們的遺囑留給他們。

遺囑本來就是日期最新的才有效，但是這父子的故事卻有意外的結局。

父親的存款餘額，最後只夠用來支付葬禮的開銷。從這裡可以看見，用金錢來連繫的親情有多麼薄弱。

ξ ξ ξ

中國北宋時代的儒學家司馬光曾經這麼說：「無論留下多少金錢和資產，子孫都未必能好好守住及利用。想要子孫永遠繁榮，不如自己在世間多積一些陰德，成為子孫幸福生活的基礎。」(註11)

就算考量到孩子的前途，而將財產留給他們，但是從天而降的財富很少能讓人得到幸福。

換句話說，與其留錢給他們，不如讓他們學會自立自強活下去的方法比較重要，所以我們自己要注重如何盡可能地持續回饋社會。他的這種想法，我也大力贊成。

常有新聞報導，國外有許多富豪，選擇不將遺產留給孩子繼承，而是將大量金錢捐出。我年輕時，也有律師大前輩對我說：「要為了社會盡自己所能。」因而我長年來擔任「社會福祉法人福岡生命線」的理事一職，另外，雖然不能說數量很多，但每年都多少有些捐款。

工作賺錢，將錢花在有興趣的地方，比如仕舞等，然後又成為工作的動力，也回饋一點給社會，我想這樣人生就取得了平衡。

ξ ξ ξ

最重要的是，要讓自己開心，笑著度過老年生活。為了這個目的，就花錢吧，行有餘力，就為自己生活的這個世界、還有自己的孩子們、孫子們生活的世界而花錢。讓孩子看到這樣的我們，也算是留給他們豐富的遺產，不是嗎？

別用自己捨不得花而留下的財產，奪去孩子們自立的機會，並播下爭鬥的種子。

＊註11：出自《司馬溫公家訓》，原文為「積金以遺子孫，子孫未必守；積書以遺子孫，子孫未必讀。不如積陰德於冥冥之間，為子孫長久之計。此先賢之格言，乃後人之龜鑑。」

留下金錢並不是福氣，
反而會把人變成惡鬼。

——

別讓遺留下來的東西，
造成你珍視的人們相互爭鬥的悲劇。

別讓任何人奪走自己的人生

近年來，發生許多以中老年人為目標的結婚詐欺案。這些結婚詐欺犯透過約會網站或相親派對等，來尋找詐欺標的。

據說，某個男性結婚詐欺犯一開始就告訴女方他很有名望，是一間公司的經營者，不管是衣服、鞋子、包包全都豪爽地買給她。他很早就表現出誠意，還表示：「考慮到將來，我也想好好認識您的孩子。」然後真的跟對方的孩子會面、一起吃飯，甚至早早連戒指都準備好。

過了一個月左右，他會用還滿像一回事的理由向女方借錢，比如「公司有款項沒匯進來，雖然我正在處理，但一定要想辦法先撐過這個月底」。女子為他花光三百萬存款後，他就消失無蹤。

這時女方終於發現是結婚詐欺，卻為時已晚。

ξ　ξ　ξ

另外，還有一種詐欺奪走的是家人間的深厚情感，那就是這十年來急速增加的匯款詐欺，其中最為人所知的是「我啊我啊詐欺」（註12）。如名稱所示，詐欺犯會假裝孩子或孫子打電話來說：「是我啊是我！」然後提出要錢的理由，比如「我發生事故了，現在急需用錢！」但這種詐欺不只奪取金錢，我聽說，有受害者的兒子或孫子知道後很生氣地說：「我才不會為了籌錢來這樣拜託你。」於是跟被害者間的關係出現裂痕。

「匯款詐欺」、「結婚詐欺」、「投資詐欺」，這種種詐欺的被害人都說：「我從來沒想過會碰到這種事。」實際上就算是律師，也很難看穿詐騙手法，甚至也會被騙。

比如說，一起在法庭上並肩作戰後，發誓要洗心革面的被告向律師借錢，然而提出借據後馬上不見蹤影。有人可能會很驚訝：「咦？就這樣？這樣要騙人很難才對吧。」但是，以詐欺為業的人大多數都是騙人天才，甚至律師間也會說：「連律師都不敢接詐欺案件。」

只要專業的詐欺犯設下陷阱，就算是律師也會被騙，所以將一切歸咎於被騙的父母或祖父母，他們也很可憐。

不如將「誰都有可能被騙」謹記在心，全家一起思考對策，建立一些規則，比如想一個關鍵字來確認是本人，或者如果換了手機號碼一定要通知所有家人等等。

ξ ξ ξ

無論何時都不要忘記用智慧保護自己，掌好自己的舵，別讓人奪去你的人生。

---

*註12：日文原文「オレオレ詐欺」，オレ跟日文的男性自稱「俺」（O-Re）發音相同。

真正的悲劇，
是讓詐欺破壞了
家人之間深厚的感情。

——

別忘記有智慧地保護自己。

隨著時光流逝，「最痛苦的回憶」也會變成「最好的回憶」

「我人生活到現在，最高興的就是離婚成功的那一刻。」某個作家曾在自己的散文中這樣寫道。

說起來，當曠日廢時的離婚案件終於告一段落時，經常有當事人對我說：「今天真是我人生中最開心的一天。」

順帶一提，我曾經問我先生：「對你來說，最高興的一天是哪天？」他的回答是：「看到日本的舞鶴港（註13）時。」當年他大學念到一半因為徵兵（註14），滯留在蘇聯兩年半，對他而言，能活著再次踏上日本土地，是他人生中最開心的一天。

對我來說，則是司法考試及格的那一天。因為我考了好幾次都失敗，接受父親特訓後，終於如我所願地考過了。

ξ ξ ξ

父親對我說：「如果是成為律師或法官，你就可以去上大學。」但我入學後非常痛苦。我覺得我怎麼樣都沒辦法成為律師或法官，所以念書時也不怎麼投入，偶然，大學教會成立的基督教青年會（YMCA）邀請我加入，我便加入了。

雖然那是個溫暖人心的社團，但是這件事傳入父親耳裡，他很生氣，立刻打電報過來說：「不想念法律，大學就別念了！」我沒回信，他又繼續打電報給我說：「馬上給我收拾行李回家。」、「不想念書的話就別念了。」

我對父親感到很抱歉。管理宿舍的太太是個虔誠的基督徒，還為我擔心，帶我去教會。

我不想放棄讀大學，所以參加了校內司法考試考生的研究室，但不管怎麼看，考上的機會真地微乎其微。

背叛跟父親的約定，我有很深的罪惡感，精神上走投無路，想要尋求救贖，於是瞞著父親接受基督教的洗禮入教。

大學畢業後回到熊本，我只能死心開始念書，但是只要想到「我本來就不想做律師，讀法律跟我個性完全不合」，還曾經把法律書拿來踩或者扔掉過。我還把小說偷偷放在法律書底下，父親不在時就把書打開來看，也曾經偷偷跑去看電影。

我的父親是一面當學校老師，一面自學，勤奮讀書而通過律師考試的，所以他覺得只要肯努力去做，一定可以成功。

經過半年，我終於用自己的方式掌握答題的寫法跟要領。「久子你一定會通過考試的。」在父親的言語激勵下，我終於開始認真起來。

一九五三年我筆試合格，但口試失敗。翌年在父親的建議下，我為了準備口試而在九月前往東京，在母校的備考組織——瑞法會的鞭策之下念書。口試順利結束後，隔天為了看榜單，我前往位在霞關的法務省。當時看到「合格」二字，我興奮得不得了，忍不住跳起來撲向一旁的男子，然後趕快打電報通知爸爸合格的消息。

ξ ξ ξ

這樣回過頭來看，人真是愈掙扎辛苦，之後的喜悅就愈深刻，甚至到了永遠銘記在心的地步。

「活到現在最開心的時候，大概就是跟生病的丈夫聊天的那半年吧。」

我念女專時代的朋友笑著對我說。

她的丈夫沉默寡言，是個技術領域的工作狂，唯一的休閒娛樂，就是放假時一個人去釣魚。雖然妻子對此從未抱怨，或是找他麻煩，但是完全不了解寡言的丈夫在想什麼，沒有孩子的她一直過得很孤單。丈夫退休後，沒多久就生病了，夫妻之間此時才開始有大量的對話機會，妻子才終於能了解丈夫的心思。她曾感慨地說：「多虧了長壽，才能遇見好事。」

即使你現在身處痛苦的情境中，但總有一天你也會笑著說：「那時候真是辛苦啊。」這段日子也會成為人生中屈指可數的回憶。

然後，肯定還會因為這個回憶，覺察到原來周遭有這麼多支持自己、信任自己、深愛自己的人。

我建議你可以跟家人或朋友，一起聊聊「活到現在最開心的一件事」。

隨著年紀愈來愈大，過去辛苦的故事，應該會跟令人懷念的回憶一樣多才對。說著過去的辛苦與回憶，就是對過去努力的自己感到自豪的時候，也是實際感受到現在有多麼幸福的時候。

＊註13：舞鶴位於日本京都府北部，面朝日本海，舞鶴港過去是作為軍事港口使用。

＊註14：日本二次大戰末期因為兵源不足，所以徵召二十歲以上仍在學就讀文科的學生入伍，不僅限於日本國內，當時尚為日本籍的台灣人、韓國人及偽滿州國人的學生都一併徵召。

痛苦的事情，
若變成幸福的記憶，
這就是成熟的標記。

即使現在很難受，
但這些總有一天會變成回憶。

你在意的人對你的回憶，就是你活過的證據

「活著到底是怎麼一回事呢？」

曾經有人問我這個問題。我認為所謂活過的證據，就是在死亡之後，你珍惜的人還會想起你。

知名作家永六輔先生生前曾經這麼說：「人的死亡有兩次，第一次是肉體的死亡。但只要還有記得死者的人，死者其人就會繼續活在那人心中。而最後的死亡，是再也沒有人記得死者的時候。」我在目送許多恩人離世後，真心認為就是如此。

而且，人們會記著的人，就真的會有許多人記著。

有時在世者不一定只記得故人好的一面，也會想起比如說「那時候曾經被他那樣罵過」。但每個人笑著回想起故人時，都不是想起他晚年病弱的樣子，而是生氣勃勃又有魅力的姿態。正是這些回憶，勾勒出故人生活的方式。

那麼，我們該怎麼做，才能成為一個令人回憶的人呢？首先要增加許多朋友。然後透過做義工等方式與社會連結，為人們付出。

養育孩子已告一段落的家庭主婦，退休的人，在這之後若不積極跟社會產生連結，跟人之間的關係只會愈來愈淡薄，最後可能到了只有去醫院，才有人叫你名字的地步。

ξ ξ ξ

我認為，將漫長歲月中累積下來的智慧及技術傳下去，直到未來，是長壽者的使命。

跟他人有所連繫，活著時為別人盡一份心力，將來一定會有懷念你的人。

人將會在「他人的回憶」中
永遠地活下去。

——

你的心中有誰存在呢？

好好感受當下去生活

今年（二〇一七年），我九十歲了，成為一個律師也有六十一個年頭了。為了那些選擇將足以改變人生之事交給我的委託人，我盡心盡力處理，忙到連為了過去的事耿耿於懷都沒空，因此我常常覺得自己已經竭盡所能地活著。

我透過律師這個職業切身體會到的是，無論是誰，都不知道明天將會如何。

正因為如此，今天做得到的事就今天做。對於每一個案件、每一個來諮詢的人，以及每一天，我都用心對待，好好生活。

我若收到道謝電話或感謝信等讓我高興的事，一定會當天告訴對方。這不是因為有禮貌，或者什麼成功的秘訣，而是這麼做對方也會高興。畢竟明天我們會發生什麼事，誰也不曉得，所以今天就要趕快分享因相互連繫所帶來的、打從心底的喜悅。

當作沒有明天，今天一天拚了命地去做。

把一天當作一生來活，

明天又將會有新的一天誕生。

這是天台宗大阿闍梨（註15）酒井雄哉說過的話。

他在成為僧侶前，待在神風特攻隊的基地，二次大戰結束後開了拉麵店，卻遭遇火災，才新婚兩個月妻子就自殺了。嘗盡人生之苦的酒井雄哉出家為僧，花了七年賭上性命，完成兩次「千日回峰行」，切身實際感受到的就是「珍惜活著的每一天」這件事。

另一方面，不是修行者的我，每天都有各式各樣的苦難來造訪。

令人連呼吸都忘了的痛苦、蠻橫不講理的想法、遭受過去珍視的人背叛、夫婦或家人之間的爭吵、生病等等，人只要活著就會有各式各樣的災難上門。

人生陷於谷底時，人們會有這片黑暗無邊無際的錯覺，腳步畏縮，不敢抱任何希望，但是看起來絕望的狀態，絕不會長久。隨著時間的流逝，看起來一成不變的狀況，其實正在一刻刻地產生改變。

ξ ξ ξ

因此，你今天一天是否有拚盡全力，好好地度過？

今天一天，你要讓自己綻放為一朵像自己的花，而當你如沉睡般告別人世時，你就像被水滴會自花瓣滴落，水靈又令人憐愛的「真實之花」所包圍。

---

*註15：比叡山天台宗給予完成「千日回峰行」苦行的僧侶「北嶺大行　大阿闍梨」封號。

活著的醍醐味在於
用想像描繪最後的「真實之花」，
並讓當下每個瞬間的花綻放。
——
明天會發生什麼事，誰也不知道。

結語

解開糾結纏亂的線，好好品味人生的獎勵時光

我出生的熊本，是個養蠶業盛行的城市。

小時候，我曾經興味盎然地在熊本上通町的養蠶場，看著人們從蠶繭抽絲成線的過程。

蠶繭泡在熱水之中就會變軟，將鬆散開來的蠶繭纖維拉開，然後拉出一條細細的線。這細線很容易斷裂，但是經過撚絲工序，就會慢慢成為一條堅固又柔韌的美麗絲線。

我覺得人生也一樣。

將線比喻成人的話，人剛出生的時候非常脆弱，猶如一條好像馬上就會斷掉的絲，但是不斷加絲進去，它的強度就慢慢增加，變得柔韌。

然後，絲線慢慢變長，跟其他絲線一起織出一個平面，最後再進一步成為一整匹布料。這一整匹布料，可以溫柔地將人包裹起來。我想這就是人與人之間的連結方式，也是這個社會的運作方式。

ξ ξ ξ

但是，如果一條線沒有跟其他絲線保持剛剛好的距離，就無法織出一個平面。線與線之間只要開始糾纏不清，就很難再解開，如果持續糾纏下去，最後也只能剪斷不用。

如果能將糾結的線頭解開，那就不用剪斷一條條線，但是得花時間仔細去解開。對，還是必須花時間。

所以，我才會覺得長壽這件事，是人生的「獎勵時間」。

若你的心至今還跟別的心之間有所糾結，可以趁這時間將糾結的線鬆綁，回到一條線的狀態來使用。然後，跟年輕的人，或任何人都保持剛剛好的距離，才能度過愉快的時光。

ξ ξ ξ

跟別人的心之間有所糾結，並不是一件羞恥的事。

當解開纏繞在一起的線，再次回到一條線的狀態時，曾經糾結過的地方會出現傷痕，甚至還是有打結處也說不定。但是這條線會有其他絲線沒有的風味。

希望你能試著用這樣的方式，來看待你的人生。

請慢慢地花時間，用獎勵時間將糾結纏亂的線解開，好好地品味這段獎賞的人生。

二〇一七年十一月吉日

唯有持續留存在心中的「自覺不成熟」，方能支撐我們內心永不動搖。
這是我經年累月所得到的領悟。

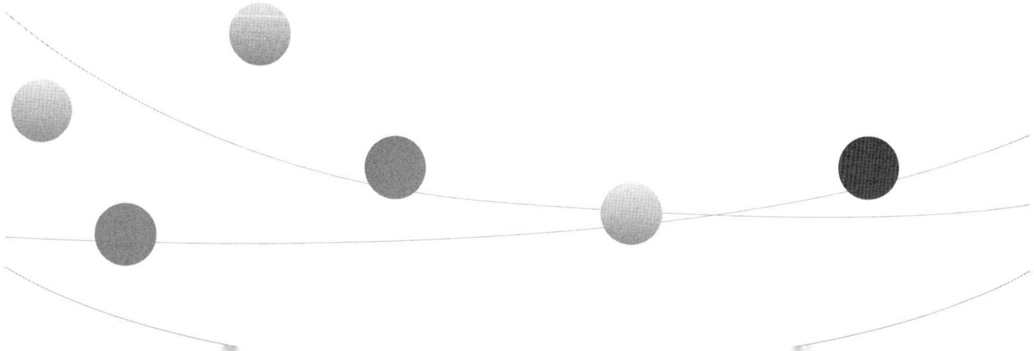

當自己的思考方式及價值觀遭到根本否定時，人就沒辦法柔軟思考。
就是因為如此，所以保持恰當距離才這麼重要。

即使年齡增長，與時俱進還是很重要。
我認為人不能失去對知識的好奇心，
而無論是什麼人或新事物，都要用率真的心相待。

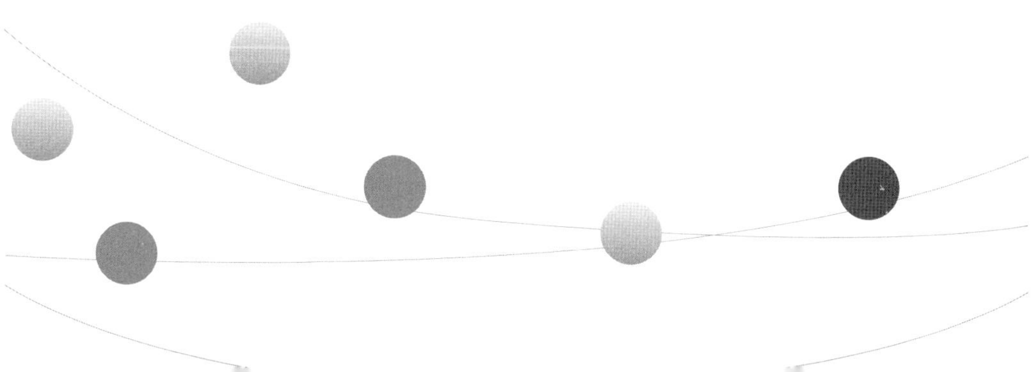

說著過去的辛苦與回憶，就是對過去努力的自己感到自豪的時候，
也是實際感受到現在有多麼幸福的時候。

在人際關係的糾紛中，追求正確並無法解決問題。
這是因為在人的心裡，所謂的正確往往因人而異，
而所謂的真實，每個人也有各種不同的看法。

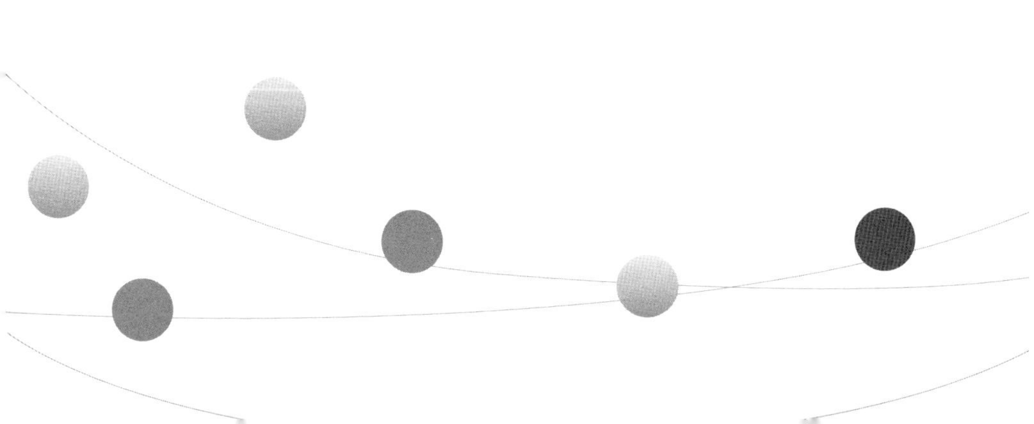

有方之度 009

距離拉遠一點，從此人際不糾結
——————93 歲女律師洞察人心人性的 35 個智慧，讓你我活得更自在

作者 湯川久子｜**譯者** 江卉星｜**社長** 余宜芳｜**副總編輯** 李宜芬｜**特約編輯** 李靜宜｜**特約企劃** 張威莉｜**封面暨內頁設計** 謝佳穎｜**內頁排版** 薛美惠｜**出版者** 有方文化有限公司／23445 新北市永和區永和路 1 段 156 號 11 樓之 2 **電話**—(02)8921-0339 **傳真**—(02)2921-1741｜**總經銷** 時報文化出版企業股份有限公司／33343 桃園市龜山區萬壽路 2 段 351 號 **電話**—(02)2306-6842｜**印製** 中原造像股份有限公司——初版一刷 2020 年 8 月｜**定價** 新台幣 250 元｜

ISBN：978-986-97921-7-2

距離拉遠一點，從此人際不糾結：93 歲女律師洞察人心人性的 35 個智慧，讓你我活得更自在 / 湯川久子著；江卉星譯 .
-- 初版 . -- 新北市：有方文化，2020.08
面； 公分 . --（有方之度；9）

ISBN 978-986-97921-7-2(平裝)

1. 人際關係 2. 生活指導

177.3 109010374